パワーリフティング入門

改定にあたって

『パワーリフティング入門』は、これからパワーリフティングに本格的に取り組もうとする初心者に向け、私がパワーハウスで教えていることをベースに『月刊ボディビルディング』に連載したものをまとめて1990年に出版された。それから早いもので12年。パワーリフティングの基本は何ひとつ変わっていないが、とりまく環境は徐々に変化してきている。それらをまとめると以下のようになるだろう。

①元々シンプルなパワーリフティングのルールであるが、ベンチプレスシャツが解禁されて、ベンチプレスの記録が大きく伸びた。特に体形に合っているということと、ベンチプレスシャツの微妙な調整が上手だということで、日本のベンチプレスのレベルが大きく向上した。同時にそれは、私が本書で述べてきたベンチプレスのテクニックがベンチシャツを着た時にも有効だということでもあった。
②パワーリフティングがスポーツとしてまとまってから30年。昔は若かったパワーリフターたちもすでに50歳代、60歳代。だが彼らはまだまだパワーリフティングを愛してやまない。ということで、マスターズのパワーリフターがとても増えた。年をとってくると体の調子も変わる。疲れもとれにくくなる。だからマスターズのトレーニング方法は若い人とちょっと違うはずだ。
③サブジュニア(14歳から18歳）までのクラスが新設された。世界中で若い選手がパワーリフティングを競技として楽しむようになってきた。パワーリフティングも他のスポーツと同じで、若く始めれば始めるだけ、選手の伸びる可能性は大きくなる。タイガー・ウッズが3歳からゴルフクラブを振っていたようにはならないかもしれないが、若い選手に対するトレーニング方法はちょっと違うはずだ。
④私と吉田寿子がパワーリフティングに専門的に取り組む場としてスタートしたパワーハウスから、たくさんのチャンピオンが出た。最初の世界チャンピオンは私の妻吉田寿子だった。西尾慶子は世界記録を作った。さまざまなレベルの日本チャンピオンの数は有に10人を越える。2000年には三土手大介が日本のヘビー級としてはじめて世界チャンピオンになった。パワーハウスの10

数年のトレーニング方法の研究をベースにした彼のトレーニング方法はひとつの完成形に達している。ということで、彼のトレーニング方法を追加した。

以上のような項目を追加し、パワーリフティングに本格的に取り組もうという人のために、最も基本的で、最も普遍的な教科書として見直したのが､今回の改訂版『パワーリフティング入門』である。

初めてバーベルを握る人から、長年やっているが、一度基本に戻りたい人、あるいはパワーリフティングの基本は何であるかをもう一度じっくり学びたい人に向けてこの冊子を送りたい。私が関わった多くのチャンピオンたちは、ここに書いてあることをベースに、それぞれの工夫を加えて強くなっていったということをもう一度強調しておきたい。基本ができていればいるほど、将来に向けての可能性が大きくなる。

平成 14 年 5 月

吉田進

CONTENTS

第1章

ボディビルディングとパワーリフティング

■パワーリフティングは体を作る基礎

古くからパワーリフティングをやっている人ならば、誰でも知っている偉大なパワーリフター、ビル・カズマイヤー。骨太の骨格に限界まで筋肉をつけた体でベンチプレス 300kg、デッドリフト 402.5kg、スクワット 420kg に成功している。トータルは、上記の記録が同時に出たわけではないので 1100kg。これは IPF の公認記録として 20 年間誰も破る者がない最高のトータル記録として現在も残っている（2002 年現在）。

ここに全盛期のカズマイヤーの写真が 1 枚ある。体つきを見るとボディビルダーとは全く違った発達のしかたではあるが、一つ一つ限界まで発達した筋肉がよく見てとれる。また、もう 1 枚の写真は 1988 年のスーパーヘビー級チャンピオンの O.D. ウィルソンのデッドリフトである。体重は 180kg。彼の肩と二頭筋の大きさは、何か人間離れした恐ろしささえ感じるほどである。彼のあだ名が「O.D. ストリートの悪夢」というのもナルホドという感じだ。夜一人歩きしている時にこんな大男が 60cm の腕をブラブラさせながら向こうから歩いてきたら、こちらとしてはうつ向きながら悪夢の醒めるのを待つしかない。そんなすごさである。

1990 年の 12 月に全日本クラブ対抗で特別試技をしたオーズビー・アレキサンダー（アメリカ）は、その後の世界選手権でスクワット 310kg、ベンチプレス 155kg、デッドリフト 305kg で 75kg 級の世界チャンピオンとなった選手だが、そのバランスのとれた体と筋肉、そして試技内容は見る者をうならせたものだ。

一般にボディビルを行なっている人に言わせると「パワーリフターはかっこが悪い」「パワーリフターはボディビルダーとして一流になれない人たちだ」。しかしこれは私に言わせれば、答えは「ノー」だ。いや、「ノー」どころではなく、これからボディビルで日本のそして世界の上位を目ざす人にとってパワーリフティングは体を作る基礎として「やらなければいけないもの」すなわち "must" だと私は言いたい。では、それはなぜか？

■白筋と赤筋

力は筋肉の横断面積に比例する。すなわち太い筋肉は力がある。そこで、パワーリフターたちのように一年中重いものを持ち上げるためのトレーニングをしていると、記録が伸びるにしたがって筋肉の横断面積は大きくなる。つまり筋肉は太く大きくなる。単純に言うと、これだけである。もう少し加えるなら、バーベルをパワーリフティングの試合のように 1 回だけ上げる場合、働くのは白筋と呼ばれる白い筋肉である。白筋はスピードと力を出す筋肉であり、バルクが非常にふえやすい。それに対して赤筋はスピードと力はないがスタミナのある筋肉である。マラソンや水泳の長距離はほとんど赤筋が働いている。パワーリフターは人間の白筋を限界まで鍛えると言ってよい。

ボディビルダーも大きな筋肉のベースは白筋であるが、それだけでは十分ではなく、形やサイズを少しでもよくするために赤筋までも鍛えている。だからこそ、トレーニングにおいて彼らはレップス数を 10 回を越える所まで鍛え込み、セット間の休憩を短くしてスタミナの

ビル・カズマイヤー　ベンチプレス300kgを含むトータル1100kgは、20年たった今でもまだ公式には破られていない

67.5kg級で世界記録を出した時のオーズビー・アレキサンダー。肩と二頭筋の筋肉の盛り上がりがすばらしい

「O.D.ストリートの悪夢」とあだ名されるO.D.ウィルソン。1988年スーパーヘビー級世界チャンピオン。巨大な上腕二頭筋と大胸筋に注目

領域まで鍛え込んでいるのだ。

最近のボディビルではカット、プロポーション、仕上がりが重視されている。これは当然である。しかし、まだ十分に筋量のないビルダーがガリガリに絞り込んでコンテストに出ているのを見る時、私には、そこまで絞り込む前にするべきことがあるのではないかと思えるのだ。つまり、筋量の基本である白筋を増やすベーシックなトレーニングがまだ十分に足りていないのではないか。そのベーシックなトレーニングの一番手っ取り早い方法がパワーリフティングだと私は言いたい。

■元パワーリフターの活躍

ここで、元パワーリフターで現在はボディビルの第一線で活躍している人たちを思いつくままにピックアップしていこう。ケビン・レブローニは1991年NPCナショナルズで優勝し、翌92年ミスターオリンピアで2位となって以後もオリンピアを中心に現在も活躍中である。また、マイク・オハーンは1997年ABAナチュラルユニバースやミスターカリフォルニアのタイトルを獲得したナチュラルビルダーでもあり、さらにはその甘いマスクを活かしてハリウッドで俳優としても活躍している。

ミス・オリンピアでは、あのベブ・フランシス。彼女は世界女子パワーリフティング選手権大会で数回優勝した後にボディビルダーに転向している。当時はベンチプレス150kg、スクワット210kg、デッドリフト210kgぐらいだったと記憶している。彼女の場合、初めて出場したミス・オリンピアでは、あまりの筋量のために、ジャッジたちがついて行けない場面もあったようだ（このあたりのことは映画『パンピング・アイアン2』を見ると良い）。その後、そのすごさはなくなっていき、美しい体つきに変化して1990年はミス・オリンピア2位に入った。また1987年ミス・ユニバースの3人の優勝者は全員元パワーリフターだった。

日本ではバルク型と言われるビルダーは、多くが何らかの形でパワーリフティングを経験している。石井直方選手は学生時代はパワーリフティングでもチャンピオンであったし、朝生選手はいつでもパワーリフティングの全日本選手権大会に出場できるだけの力を持っている。バルク型の代表の山岸選手は学生時代に全日本学生パワーリフティング大会で2位になっている。このように、学生の間はパワーリフティングとボディビルの両方に出場している選手が多い。

1981年のハワイでの世界女子パワーリフティング大会のウォームアップで、ベンチプレス135kgを軽く3回やった女性がオーストラリアから来ていた。彼女こそがその後ミズ・オリンピアで2位になったベブ・フランシスだった

女子では佐々木景子選手が挙げられる。彼女は1999年全日本パワーリフティング選手権大会で優勝後、2001年東京クラス別、ミス関東で優勝、ミス日本で5位となっている。例はまだまだあるのだが、あまり言いすぎると「パワーリフティングをやらないトップビルダーも多いゾ」と言われてしまうのでこのへんにして、私が本当に言いたいのは「ベーシックトレーニングの一環として、特に若い人たちに気楽に取り組んでもらいたい」ということなのである。

そこで、本書では初心者がパワーリフティングの試合に出られるようになるまでを、時々はボディビルのトレーニングと比較しながら話を進めていきたいと思っている。

パワーリフティング出身のボディビルダー

ケビン・レブローニ

マイク・オハーン

石井直方

朝生照雄

山岸秀匡

佐々木景子

第2章

パワーリフティングの基礎トレーニング

■8回やっとできる重さで

「パワーリフター」の体づくりとは、すなわち強く、大きな筋肉を作ることである。ではどうしたら確実に早くその筋肉を作れるだろうか。

アメリカの運動生理学者が学生を何グループかに分け、それぞれのグループに対して異なった回数（レップス）をこなすウェイトトレーニングをある一定の期間行なわせ、筋肉の発達度を各グループごとに比較したことがある。その結果、1セットにつき8回やっとできる重さでトレーニングしたグループの筋肉の発達度が一番大きかった。

1セットにつき1回しかできないほど重くしたグループは発達が少なかっただけでなく、ケガも多かった。もっと回数の多いグループは、筋肉の発達度はやや少なく、力の発達度も低かった。

以上の結果を根拠として、アメリカの多くのパワーリフターや日本の一部のトップリフターは、オフシーズンの筋肉養成期間は各筋肉、各エクササイズ種目ごとに8回やっとできる重量を3～5セット（ウォームアップを含んで）行なっている。

「いつも回数ばかりやっていると自分が何kgできるかわからない」と言う人もいる。その場合われわれの経験から導いた次の式を用いると、回数から自分の最高重量を計算することができる。

$$Wmax = WT \times \{100+2.5(1+N)\}\%$$

Wmax……自分の予想最高重量

WT……トレーニング重量

N……トレーニング重量での自力での最高回数

たとえば100kgで6回やっとできたとすると

$$
\begin{aligned}
Wmax &= 100kg \times \{100+2.5(1+6)\}\% \\
&= 100kg \times 117.5\% \\
&= 117.5kg
\end{aligned}
$$

この方式でほぼ2～8回までの回数から、よく予想できるもので、これを知っていれば何ヶ月間も最高重量に挑まなくても普段のトレーニング重量から最高重量を予想できるので、安全に早く強くなることができる。

ただしこの式は、その人の集中力、筋肉の質、トレーニング年数などによって変わるので一応の目安と考えていただきたい。

〔表－1〕は1セットにおける回数と力の関係およびトレーニング効果をまとめたものである。

具体的なオフシーズンのトレーニング法に入る前に次の原則を知ってもらう必要がある。

「力をつけるには一つの筋肉群につき週2回トレーニングすれば必要十分である」

このことを頭に入れて週間スケジュールを組んだものとして代表的な例で次のものがある。

月	火	水	木	金	土	日
A	休	B	休	A'	B'	休

A…ベンチプレス＋上半身

B…スクワット＋背中

A'…軽いベンチプレス＋上半身

B'…軽いスクワット、デッドリフト＋背中

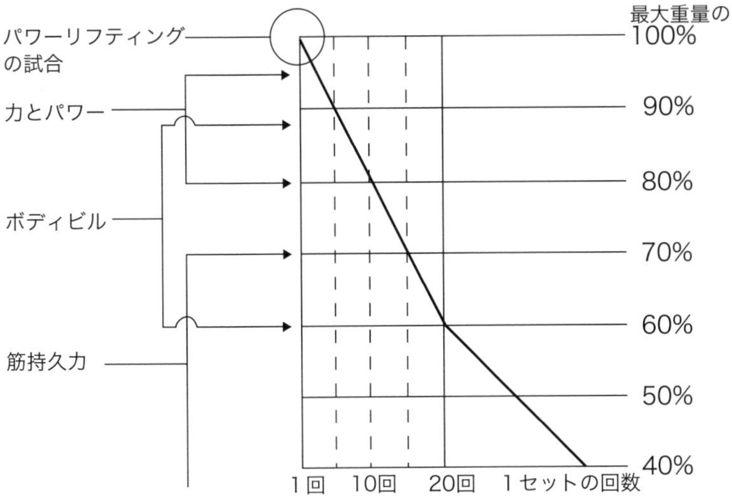

Fredrick C. Hatfield著
"Powerlifting:A Scientific Approach"

〔表ー１〕

筋肉というものはトレーニング、栄養、休息の三つが揃って初めて発達するものである。上記のA、B、A'、B'方式は人によっては物足りなく思える内容かも知れないが（特にボディビルで毎日トレーニングをしている人から見れば）「力をつける」、「白筋線維で筋肉を大きくする」場合にはこれで十分である。トレーニング時の集中度が高まってくればこれでも多すぎる人もいる。

A'、B'でなぜ軽いベンチプレス、軽いスクワットがあり、デッドリフトが１回なのかは、二つ目の原則「100%力を出し切るのは一つの筋肉群につき週１度で十分」を理解してもらいたい。デッドリフトで使う固有背筋はスクワットでもかなりの強度で使っているので週１回で十分なのである。

■大事なのは量より質

さて具体的なAとBの日のトレーニング種目についてはまず〔表－２〕を見てもらいたい。

必修とは、すべてのパワーリフターの基礎となる種目で、これはいつも行なってもらいたい。

選択とは、例えばAでは胸、肩、上腕二頭、三頭の補助運動のことで、この中から１～２種目選択してトレーニングしてもらいたい。

時期によって種目を変えることも、いつも新鮮な気持ちでトレーニングする上では必要なことである。

ただ重要なことは、「トレーニングは多ければ多いほどよいわけではない」ということだ（これは三つ目の原則）。重要なのは量ではなく質である。集中力である。集中してトレーニングすると１時間しかもたないのが普通である。逆に何時間でもトレーニングできる時は、自分の集中力をもっと高める工夫が必要になってくる。

また、パワーリフティングの基礎トレーニングは「強く、大きな」筋肉を作ることであり「スタミナのある大きな」筋肉を作ることではないので、特にスクワット、ベンチプレス、デッドリフトでのフォーストレップスはやらないほうが良い。これは運動の神経回路まで話はさかのぼるのであるが、パワーリフティングは、あくまで自力で持ち上げるスポーツである。何回も何回もフォーストレップスで上げさせてもらうクセはつけない方がよい。苦しくなってきた時、他人に頼るクセがつきやすい。もちろん補助種目でのフォーストレップスは筋肉の発達のためには有効だと思う。

■トレーニング種目の解説

〔表－2〕

		A（A'も同じ）		B	B'
必修種目	胸	ベンチプレス	脚	スクワット	
		ナローグリップ・ベンチプレス		ハイパー・スクワット	
	肩	バック・プレス	背筋		デッドリフト
	上腕二頭筋	バーベル・カール	広背	ラットマシン・プルダウン	ブロック・デッドリフト
	上腕三頭筋	プレス・ダウン	腹	クランチャー	Bと同じ
			その他	カーフレイズ	
選択種目	胸	インクライン・ベンチプレス	脚	ハック・スクワット	
		ダンベル・ベンチプレス		レッグ・プレス	
		ダンベル・フライ		レッグ・エクステンション	
	肩	サイドラテラル・レイズ		レッグ・カール	
		フロント・レイズ	背筋		ハイパー・エクステンション
		アップライト・ロー			
		ベントオーバーラテラル・レイズ	広背	ワイドグリップ・チンニング	（肩）ショルダー・シュラッグ
	上腕二頭筋	インクライン・カール		ナローグリップ・チンニング	
		スコット・カール			Bと同じ
		ハンマー・カール		ベント・ロー	
	上腕三頭筋	トライセップス・エクステンション		ワンハンド・ロー	
		ディップス		ロープーリー・ロー	
		クローズグリップ・ベンチプレス	腹	レッグ・レイズ	
				サイド・ベンド	
			その他	ドンキー・カーフレイズ	
上級スペシャル種目		リバースグリップ・ベンチプレス		トップサイド・スクワット	トップサイド・デッドリフト
		ベンチプレス・ストップアンドゴー		スクワット・ストップ・アンド・ゴー	トランク・カール

ベンチプレス

試合用のフォーム。踵と尻はつけたままブリッジする

ナローグリップ・ベンチプレス

より三頭筋にきかすためのベンチプレス。脇をしめることにより、ベンチプレスで重要な三角筋前面も鍛えることができる

バックプレス

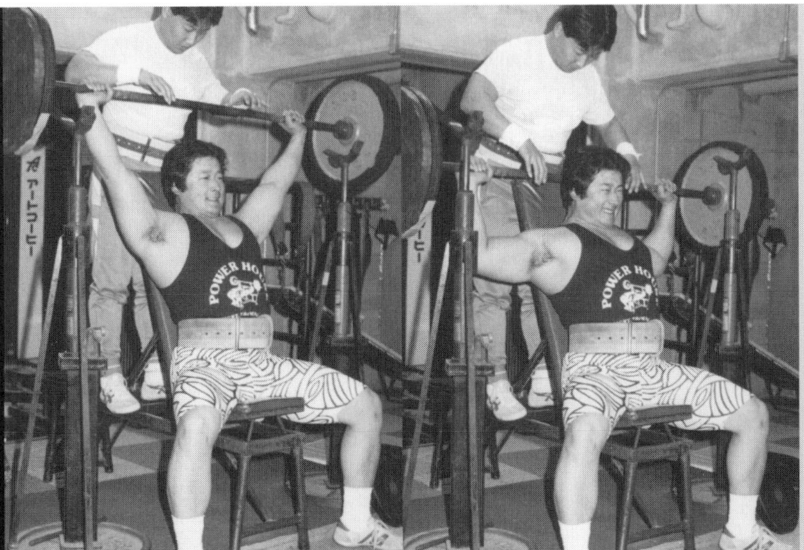

ベンチプレス強化に非常に有効な種目。肩、特にベンチプレスに必要な三角筋前面をバルクアップさせる

バーベル・カール

上腕二頭筋のバルクアップにベストの種目。パワーリフターにはどうしても必要

プレス・ダウン

上腕三頭筋のバルクアップによい種目。脇をしめて、肘を身体からあまり離さないこと。肘を曲げる角度は90度

インクライン・ベンチプレス

パワーリフターには大胸筋上部のうすい人が多いので、これは形のよいパワーリフターを作る上で必要な種目

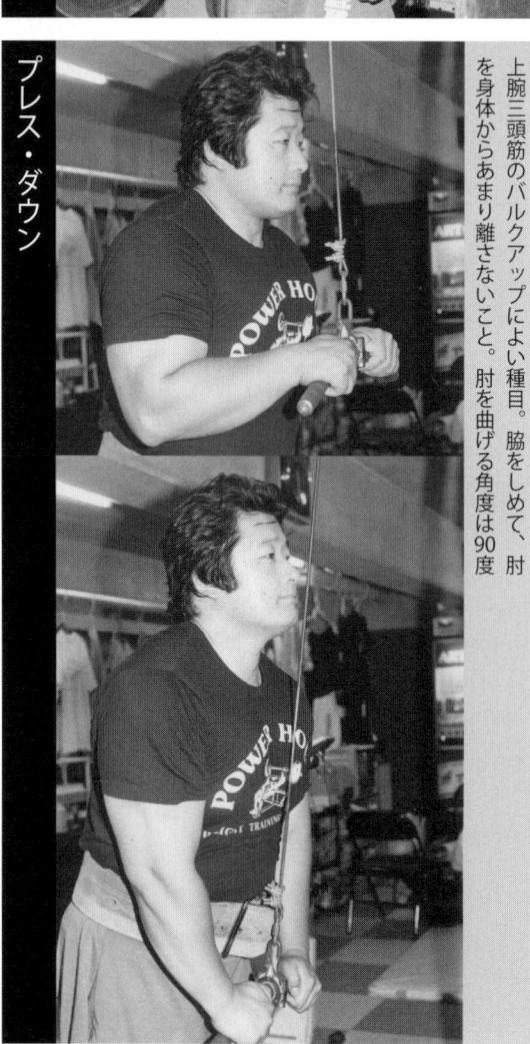

ダンベル・ベンチプレス

バーベルと違い、ひとつひとつ自由に動くダンベルをコントロールするため、ベンチプレスで使わない部分を鍛えることができる。バルクアップ種目

ダンベル・フライ

ダンベル・ベンチプレスよりも大胸筋のみにきく種目

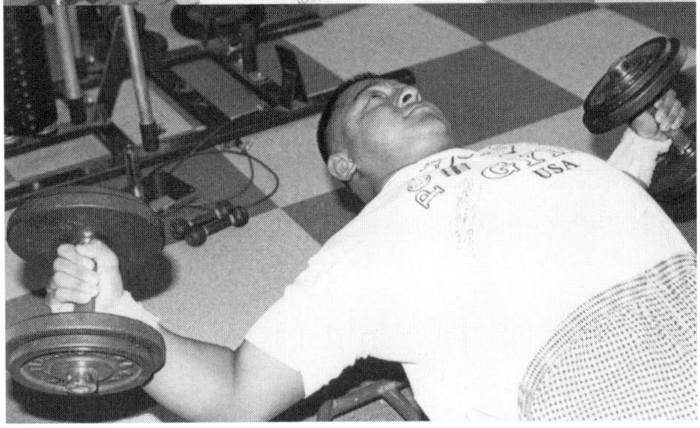

サイドラテラル・レイズ

三角筋の3つのヘッドのうち、中央部にきく種目。三角筋の中央と後ろは、パワーリフターにとって弱い筋肉なので、オフシーズンは十分トレーニングしたい

フロント・レイズ

三角筋前面の強化に有効。ややナローグリップでベンチプレスを行なう人には必修。親指を上にしてダンベルを握るのがミソ

アップライト・ロー

肩全体に効果のある種目。反動を使わないように注意すること

ベントオーバーラテラル・レイズ

三角筋の後ろを鍛える種目。直接パワーリフティング3種目に影響を与えないが、大きな三角筋を作って形のよいパワーリフターを目ざそう

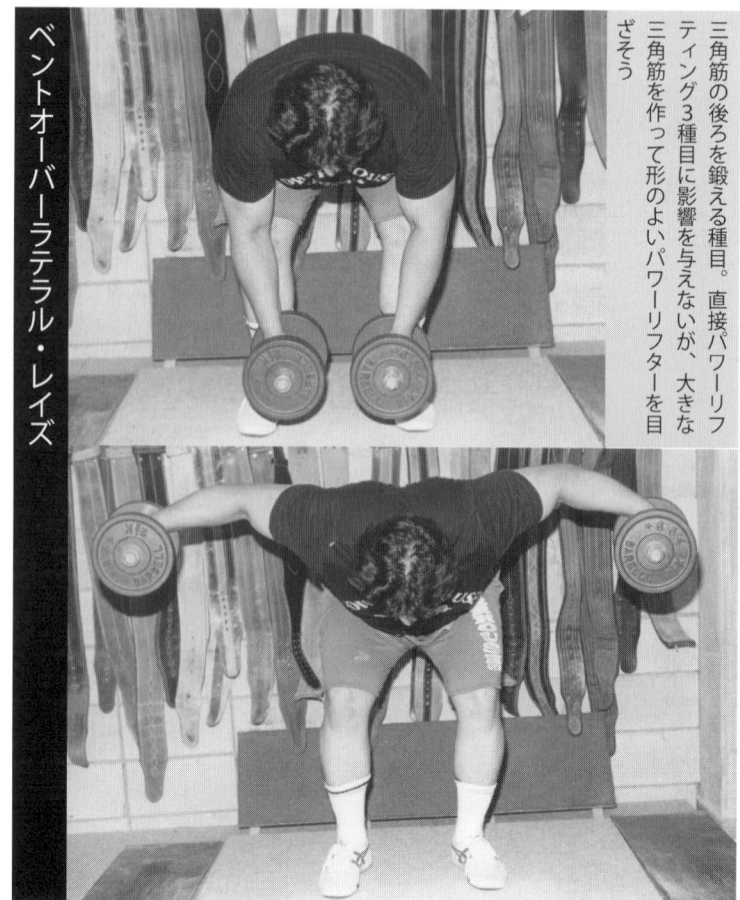

インクライン・カール

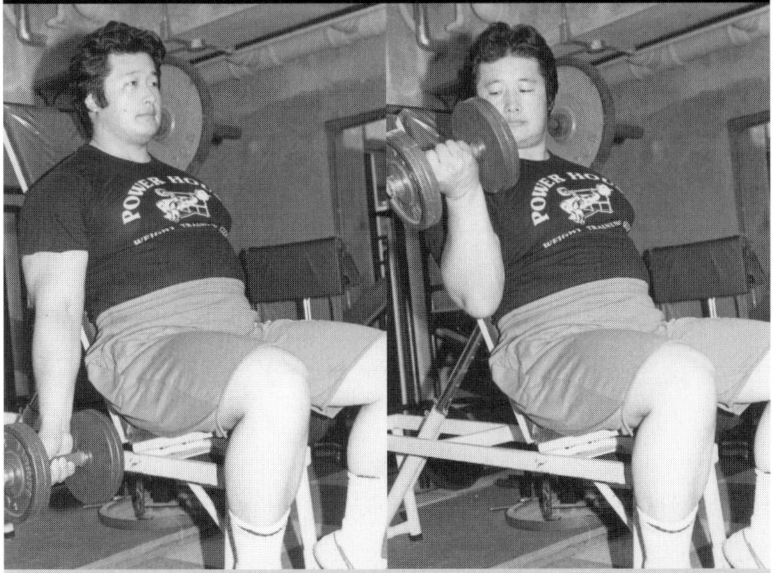

上腕二頭筋に意識を集中しやすい種目。バーベルカールの終了後、やや軽い重量でゆっくりとした動作でトレーニングする

スコット・カール

肘を固定して行なうので、二頭筋のみに集中することができる。負荷は腕を伸ばした状態で強くかかるので、他の二頭筋の運動では得られない刺激がある

ハンマー・カール

重い重量があつかえるので上腕二頭筋のバルクアップによい

トライセップス・エクステンション

上腕三頭筋のバルクアップ種目。人によっては肘を痛めやすいので、始めは軽めの重量でトレーニングすること

ディップス

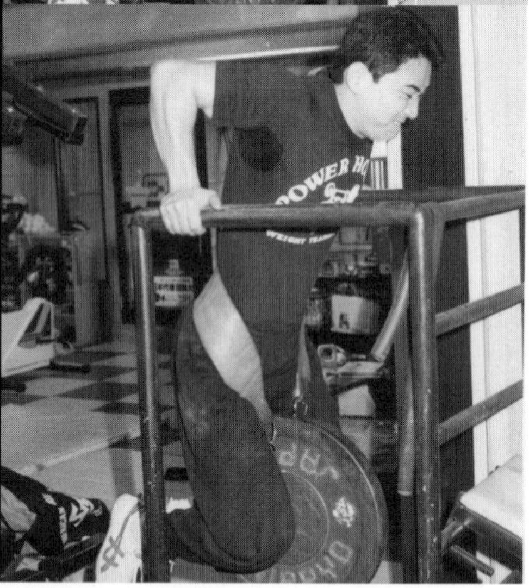

大胸筋下部、三角筋前面、三頭筋のトレーニング。ベンチプレスの重量アップにつながる重要な種目

クローズグリップ・ベンチプレス

ベンチプレスのフィニッシュが弱い人の必修。三頭筋前面の強化に。肘を開くことによってベンチプレスに必要な三頭筋の外側も強化することができる

リバースグリップ・ベンチプレス

逆手で握るベンチプレス。フックからはずす時に、必ず補助をつけること。脇が自動的にしまるため、三角筋前面によくきく

ベンチプレス・ストップ・アンド・ゴー

胸の上３㎝の所でバーベルを一旦ストップさせ、補助の合図で再び押し上げるベンチプレス。胸からのつき放しの弱い人によい

スクワット

試合用のフォーム。脚、尻、背中全体を使って立ち上がる。写真は筆者のフォームだが、前傾がきつすぎる

ハイバー・スクワット

ボディビルスクワットとも言う。おろしすぎると膝を痛めるので注意。大腿四頭筋の強化。バーを肩の上部にかつぐのでこの名前がある

ラットマシン・プルダウン（ワイドグリップ）

広背筋のための基本種目。広背筋の幅が大きくなる

ラットマシン・プルダウン（ナローグリップ）

広背筋のための基本種目。十分に引きつけることにより広背筋の厚みがつく

クランチャー

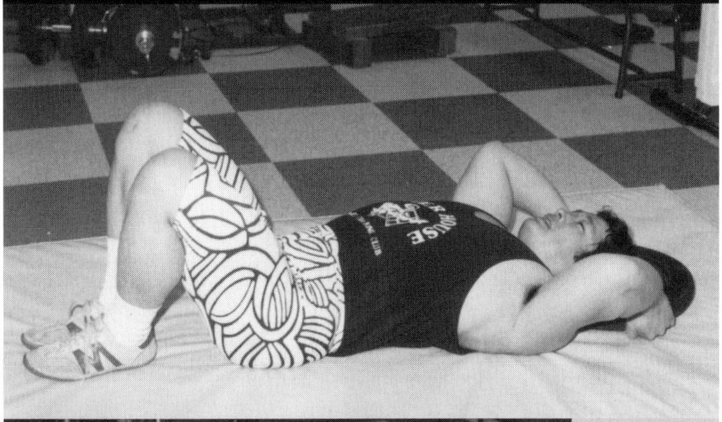

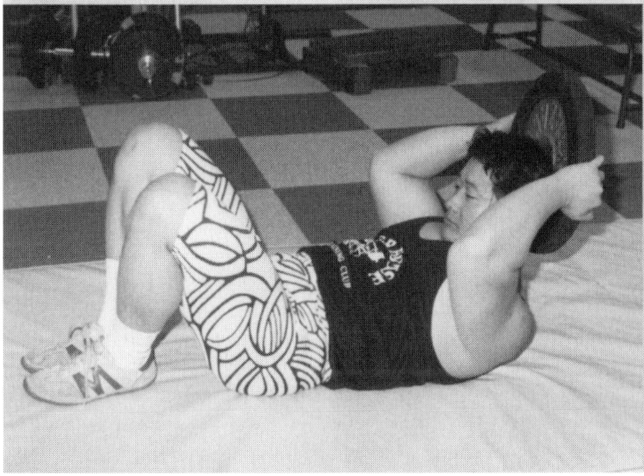

腰を痛めない腹筋運動。腹筋も他の筋肉と同じように重い重量できかす。何百回とくり返すのは（少なくともパワーリフティングの強化では）無意味

ドンキー・カーフレイズ

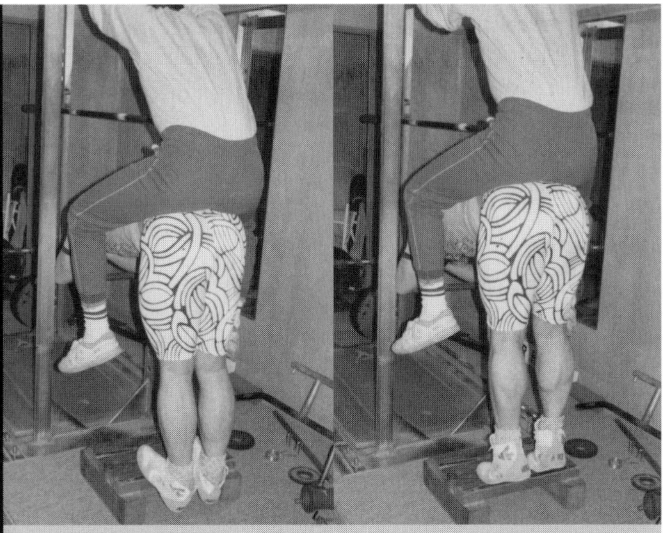

人を１～３人背中に乗せることにより、強い刺激をカーフに与えることができる。カーフのバルクアップによい

カーフレイズ

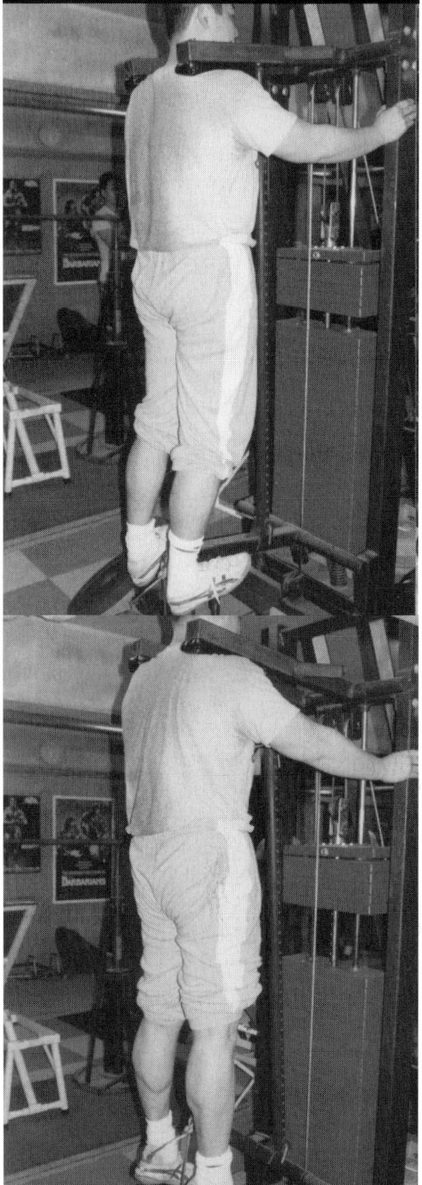

ポイントはスタートで十分に踵の位置を下げカーフをストレッチし、フィニッシュで可能な限り背伸びをするように踵の位置を上げ、カーフを収縮させること。カーフは毎日の歩行で鍛えられた、スタミナのある筋肉なので、１セットにつき 15 ～ 30 回と回数を多めにトレーニングした方がよい

ハック・スクワット

大腿四頭筋に効果のある運動。腰に負担が少ないので、腰に疲れがたまっている時などにも行ないやすい

レッグ・エクステンション

大腿四頭筋のトレーニング。脚のトレーニングではスクワットが一番のバルクアップ種目であるが、特にオフシーズンでは脚をいろいろな角度からトレーニングして筋肉の密度を上げたい

レッグプレス

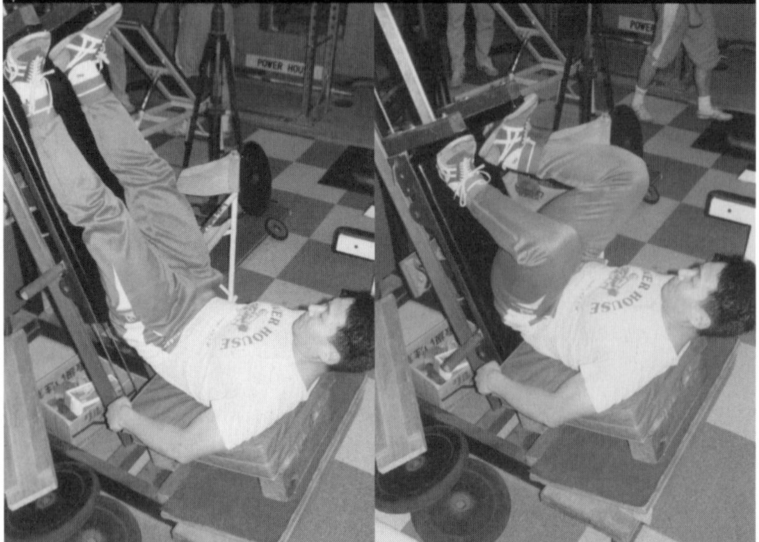

大腿二頭筋や大臀筋にも効果のある運動。腰に負担が少ない。脚を曲げる角度によって効果が変わるが、パワーリフティングの補強には深く曲げて大臀筋にまで刺激を与えた方がよい

レッグ・カール

パワーもスクワットでは、大腿二頭筋の働く割合が高いので、このレッグカールは重要種目

ワイドグリップ・チンニング

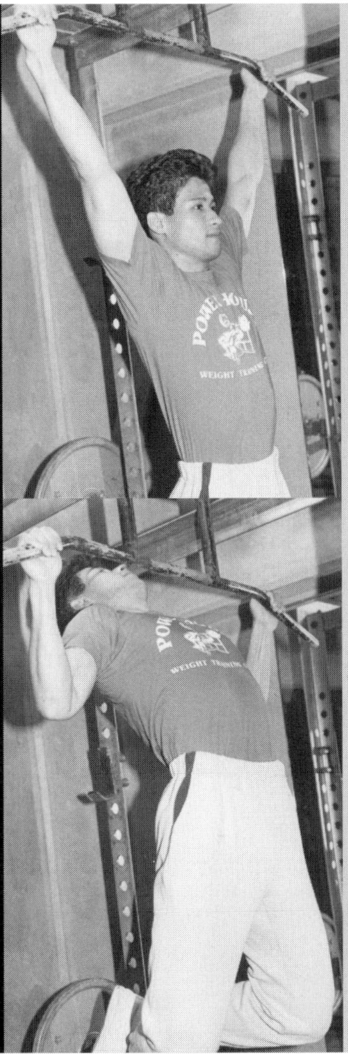

ラットマシン・プルダウン（ワイドグリップ）と効果は同じ。チンニング系は腰に負担がないので、重いデッドリフトの後でも十分にトレーニングできる

ナローグリップ・チンニング

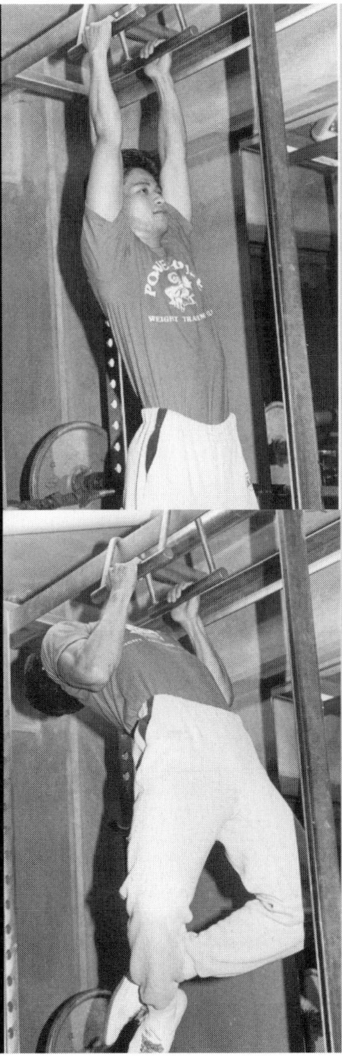

ラットマシン・プルダウン（ナローグリップ）と効果は同じ

ベント・ロー

背中全体に効果のある種目。バーベルをベルトのあたりに引きつけるのがコツ。腰に負担があり、重いデッドリフトの後は多少つらいので、軽めのウェイトでトレーニングするとよい

ロープーリー・ロー

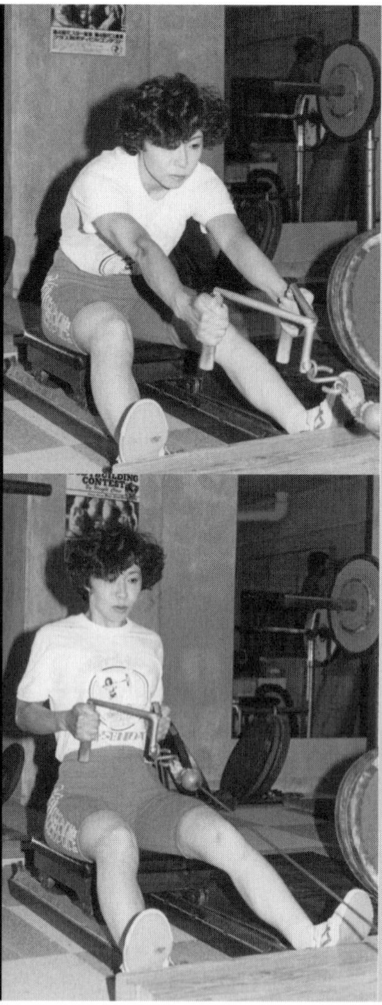

効果はベント・ローとほとんど同じだが、十分ストレッチできる分だけ広背筋を意識しやすい

ワンハンド・ロー

上体を片手で支えて片方ずつローイングする。腰に負担なく重いウェイトでトレーニングできる

レッグ・レイズ

膝を曲げたまま行なうレッグ・レイズ。腰の負担なく腹筋を鍛えることができる

トップサイド・スクワット

パワーラックなどを利用して重い重量にて浅いスクワットを行なう。パワーリフティングの試合での重さになれることができると共に、重量に対する恐怖心を取り除くことができる

サイド・ベント

スクワットで重いバーベルをかつぐには強い腹筋が必要だ。クランチャーなどによる腹直筋のトレーニングの他に、腹部のサイドの強化も重要である。腹部が強ければスクワットやデッドリフト時の腹圧が上がり、ケガする可能性も低くなる

スクワット・ストップ・アンド・ゴー

スクワットで十分にしゃがんだ状態で一旦ストップし、補助の合図で立ち上がる。試合用に深くしゃがめない人や、ボトムでの立ち上がりのスピードをつけるのによい

デッドリフト

スモウスタイルの試合用。背筋、尻、脚の全体で引く

ハイパー・エクステンション

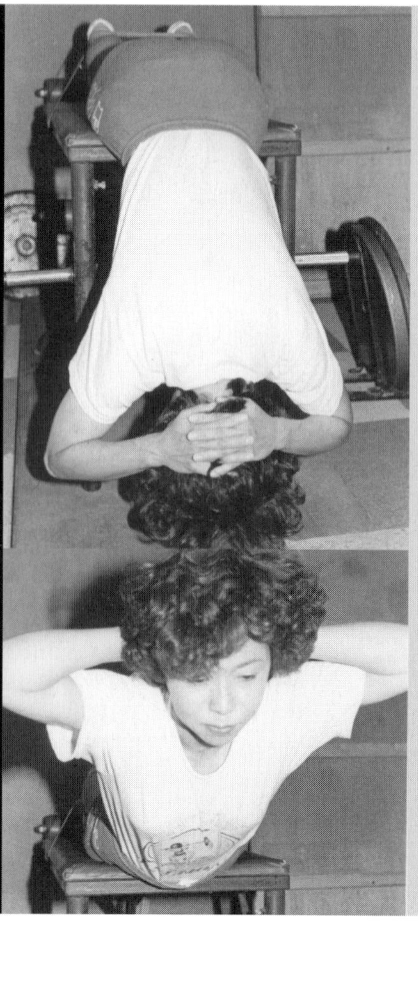

脊柱起立筋のトレーニング。デッドリフトの補助運動として最適。ただしあまり後ろに反り返ると腰を痛めやすいので要注意

シュラッグ

僧帽筋のトレーニング。重いバーベルをもって肩を上下する。特に肩を回転させる必要はない

トップサイド・デッドリフト

パワーラックなどを利用して膝のあたりからバーを引くデッドリフト。背中が曲がらないように注意しながら高重量でトレーニングする。デッドリフトのフィニッシュの弱い人によいトレーニング。重量が重いので僧帽筋にもきく

トランク・カール

トップサイド・デッドリフトと同じ要領でパワーラックなどから一旦引いたバーベルを、ここでは上体をまるめるように曲げて（腰まで曲げてはいけない）再び引き返すトレーニング。デッドリフトでどうしても上体が曲がる人向きのトレーニング。フィニッシュがよくなる

第３章

スクワットのテクニック

時々、風のたよりで「○○ジムの××さんは、スクワット200kgで10回できる」とか「△△ジムの□□さんは、ノーバンテージで280kgのスクワットが軽い」という話を聞く。

しかし私は、特にスクワットにおいては、パワーリフティングの試合で記録を出さなければ比較の対象にはならないと思っている。なぜならば、スクワットにおいてはしゃがみ方の深さによって、10kgや20kgは上げられる重量が違うし、場合によっては50kg程違うこともあるからである。

パワーリフティングにおいては、すべての人が同一のルールで力を競い合うというのが基本になっている。スクワットではしゃがみ方のルールとして「ひざの上面よりヒップジョイントの上面が低くなるまでしゃがむこと」というように決められている。〔写真－１〕と〔写真－２〕で違いを理解してもらいたい。このように「決められたルールの中でいかに力が出せるフォームを求めていくか」というのが、選手たちのテーマになるわけである。

■理想的なフォーム

では、その理想フォームとはどんな形なのだろうか？

もちろんその選手によって骨格や筋肉のつき方、柔軟性、筋肉の強さ等が違うのでフォームも違ってくるのだが、ここではまず一般論から話を進めていこう。

右の２枚の写真を見ていただきたい。〔写真－３〕と〔写

〔写真１〕ヒップジョイント上面がひざ上面より高い……失敗

〔写真２〕ヒップジョイント上面がひざ上面より低い……成功

〔写真3〕

〔写真4〕

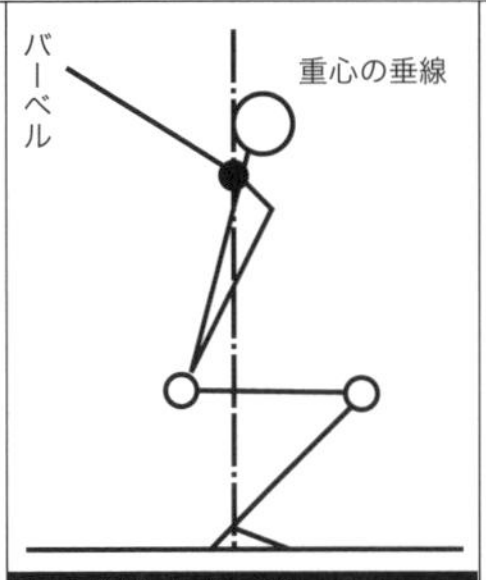

〔図－1〕
大腿四頭筋中心のボディビル・スクワット（ハイバースクワット）

ポイント

①バーベルを担ぐ位置は肩の上部
②背中は前傾させない
③しりの位置はバーベルの下にくる
④膝を前方に出す
⑤スタンスは肩幅

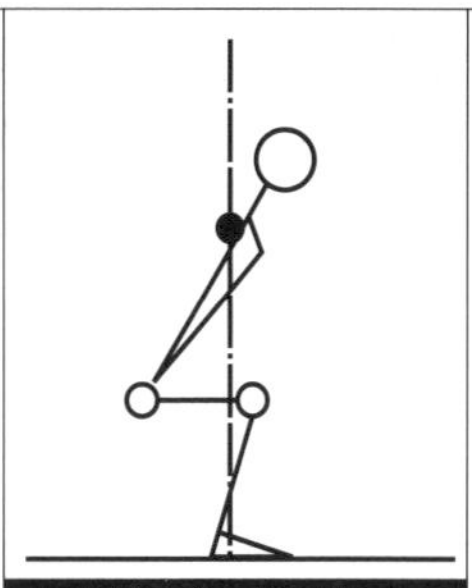
〔図－2〕
全身で上げるパワー・スクワット

ポイント

①バーベルを担ぐ位置は肩の下部（ただし三角筋上部より３センチ以上バーを下げて担いではいけない）
②背中はやや前傾
③しりはやや後方に引く
④膝は前方に出さない（スネはほぼ垂直にする）
⑤スタンスは広め

〔図－3〕	〔図－4〕	〔図－5〕
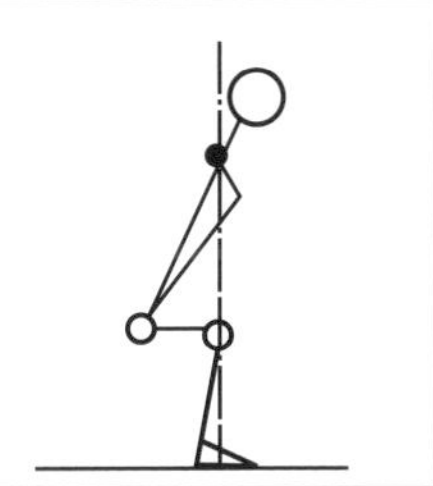	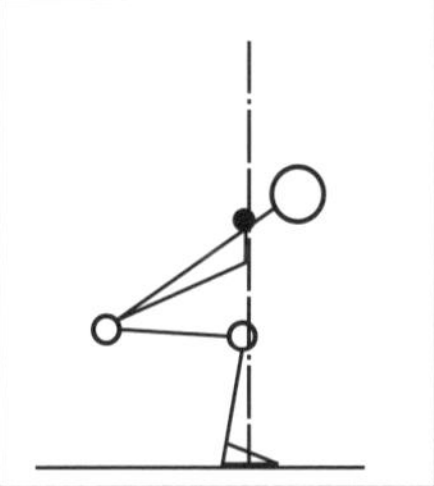	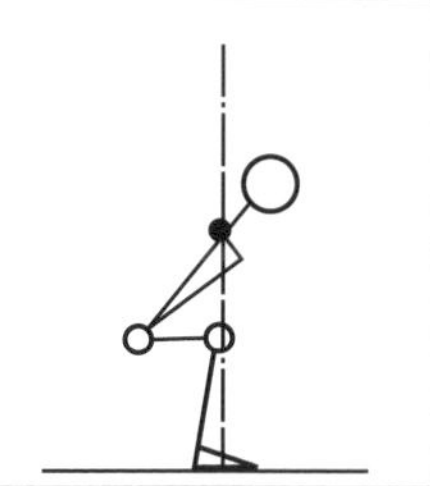
理想的パワースクワットのフォーム	膝からヒップジョイントまでの長い人	ヒップジョイントからバーをかつぐ位置までの短い人
ポイント	ポイント	ポイント
①膝、腰など全ての関節を90度程度までしか曲げなくとも、ルールを満たす深さまでしゃがんでいる ②よって、力が一ケ所に集中することなく全身の力で立ち上がることができる	①膝からヒップジョイントまでの長さが長い人（脚の長い人）は、重心のバランスをとるために極端に前傾しやすい ②または前傾しないために膝が極端に前へ出やすい（女性に多い） ③これを矯正するためには、横から見た膝とヒップジョイントの長さをつめればよい。つまり膝を正面から見た時に左右に大きく開くようにすればよい ④逆に膝からヒップジョイントまでの長さの短い人は、理想的なフォームになりやすい	①ヒップジョイントからバーを担ぐ位置までの長さの短い人（胴の短い人）は、重心のバランスをとるために前傾しやすい ②胴が短いため腰の部分の力のモーメントは図－4ほど大きくないので腰の負担はそれほど大きくない。このフォームはアメリカ、ヨーロッパの選手に多い。固有背筋が強ければ、このフォームで十分に力が出る ③バーを低い位置に担ぐとこの状態に近くなる

真－4〕の違いは、ひざの前方への出方である。ボディビルでは個々の筋肉に十分な刺激が与えられるよう、可動範囲を大きくして筋肉を十分に働かせる。スクワットでいえば〔写真－3〕のようにひざを前へ出せば、それだけ大腿四頭筋の可動範囲が大きくなって大腿四頭筋には効果がある。

しかし、パワーリフティングでは逆で、個々の筋肉の可動範囲をなるべく小さくし、しかも一度に多くの筋肉を働かせて少しでも重たいものを上げようとするのである。

〔写真－4〕は〔写真－3〕と比較して、大腿四頭筋の働きの比率が低くなるかわりに大臀筋、大腿二頭筋、固有背筋の比率が高くなっている。ベンチプレス、デッドリフトでも同様のことが言えるのだが、パワーリフティ

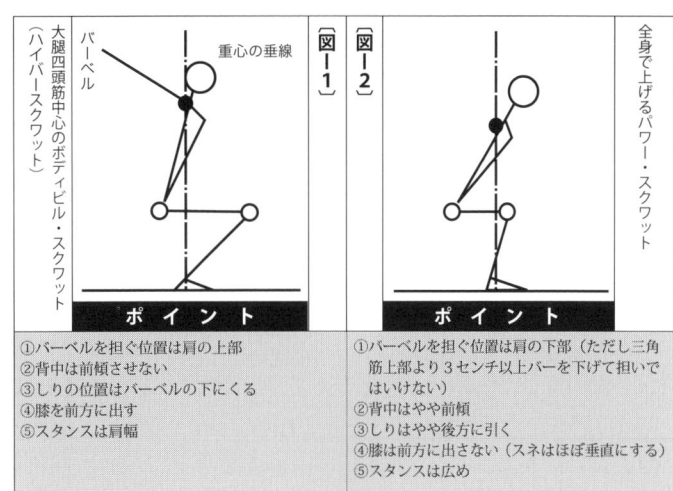

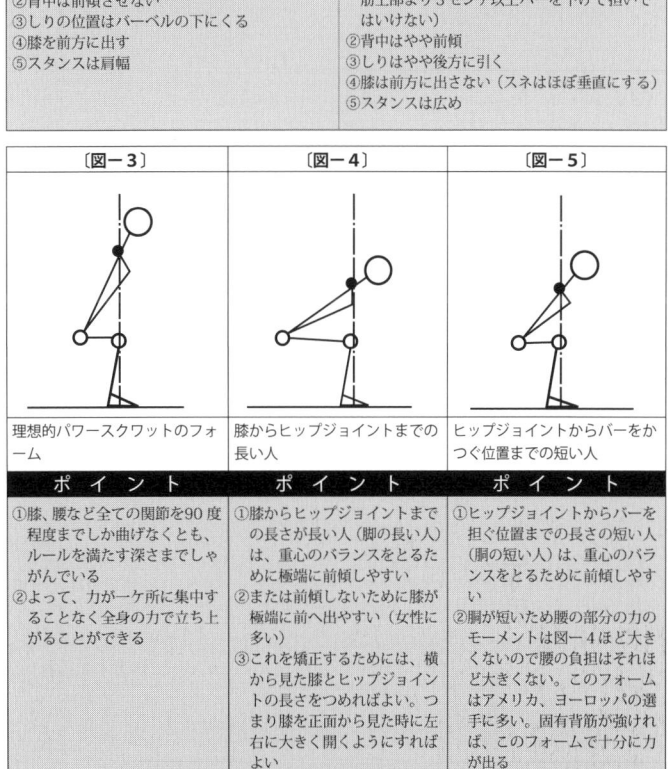

ングのフォームというのは、いかに一度に多くの筋肉を働かせられるかというフォームなのである。

大腿四頭筋をメインにすると200kgしか上がらない人でも、他の多くの筋肉を働かせることによって210kg、220kgと記録を伸ばそうというフォームなのである。これをわかりやすく図にして整理すると〔図－1〕、〔図－2〕のようになる。

また、同じパワースクワットにおいても、人それぞれの骨格の違いでフォームが変わってくる。〔図－3〕～〔図－5〕を見ていただきたい。

このように、骨格の違いだけでもフォームは違ってくるのだから、実際は筋肉のつき方、体の柔軟性、その人の強い部分と弱い部分のバランス等でフォームは微妙にかつ複雑に変わってくるのである。

また最初の図にもどると、初心者に何もいわずにスクワットをさせると、普通は〔図－1〕のハイバー・スクワットになる。ボディビルを目ざす人はそのままで良いと思うのだが、パワーリフターを目ざす人は最初が肝心である。私は、最初から〔図－2〕の標準的パワースクワットを指導している。この時、各人の身体的特色でフォームは微妙に違うのであるが、細かいことには気にせず「イスに腰かけるようにシリをやや後方に突き出せ」とか「足幅は中くらいでよいからひざを割ってしゃがめ」といって、最初のスクワットをやってもらっている。そうすると1～2週間でフォームがまとまってくる場合が多い。パワーリフティングの3種目は、悪いクセがついてしまうとフォームを変えるのに意外と時間がかかるものである（そういう私のフォームは体の前傾が大きく、いまだによいフォームにならずに苦労している）。初めてバーベルを握る初心者には、よいフォームを指導したいものである。

■スクワットフォームの実際

次に、実際のスクワットフォームを見ながら、その特長を解説してみよう。

44kg級世界チャンピオンの吉田寿子選手のフォーム。大腿四頭筋が強いためややハイバースクワットに近いフォーム。肩幅程度のナロースタンスで膝もやや前へ出ているが、尻、背中も十分に使っている。ナロースタンスではあっても、しゃがんだ時に膝が十分に割れていることに注目

程よくワイドスタンスの標準的フォーム。立ち上がる時に膝を内側へ絞り込む人がいるが、スーパースーツ着用を前提とした場合、このフォームのように膝を絞らないで立ち上がった方がよい

ワイドスタンスで膝が十分に割れている例。膝が割れると背中の前傾が少なくなるので背筋の負担が少なくなる。このようなフォームはスーパースーツの効果が大きい

○身体の前傾の大きなフォーム
〔図ー５〕でも説明したが、胴の短い人や脚にくらべて背筋の強い人はこのフォームになりやすい

○身体の前傾の少ないフォーム。背筋や腰の負担が少ない分、強い脚を必要とする

世界大会17回優勝の因幡選手のフォーム。普通よりシャフトを肩のやや上部に担ぐことによって、より背中をまっすぐに伸ばすことができる。膝を左右十分に割り、背中はほとんど垂直のまま。理想的なフォーム

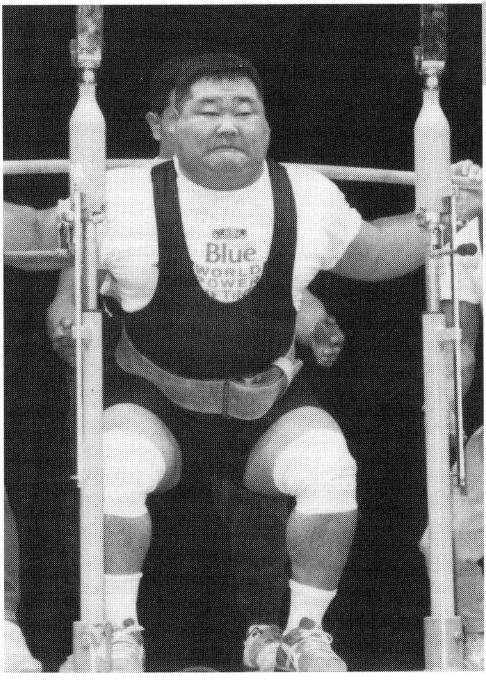

125kg 級の伊藤選手は日本人には珍しいナロースタンスのスクワット

膝を程よく割り、背中が十分に立っている前田選手のフォーム

O.D. ウィルソンのスクワットのフォーム。もの凄く太い脚だが、膝を割り十分に深くしゃがんでいる

一般に外国人は背中が前傾しやすいのだが、膝を左右に開くことによって背中の前傾をふせいでいる。チャック・ウィルソン

シャフトを肩の上部に担ぎ、かつ前傾しているフォーム。非常に強い背中が要求される

やや脚が弱いため、前傾して腰で重量を支えている筆者のフォーム

伊差川選手は、強い背中を利用できるように多少前傾している

390kg の試技に失敗し、前のめりにバーをおとすエド・コーン。しかし、身体には影響なしという強さはすごい

アジア大会でスクワットを失敗してシャフトをおとした瞬間。こういうことは絶対にしてはいけない

第４章

ベンチプレスのテクニック

パワーリフティング３種目の中で一番多くの人に好まれている種目といえば、それは間違いなくベンチプレスだろう。特に最近は全国各地で大小さまざまなベンチプレス大会が開かれ、ベンチプレスは得意だけれど、スクワットやデッドリフトは苦手だという人や、各種スポーツの補強運動でベンチプレスが強い人たちが続々と大会に参加するようになってきている。

最近の東京都ベンチプレス選手権大会でも、顔をよく知っているパワーリフターやボディビルダーよりも、今まで大会に参加したことがないベンチプレス愛好家が多く参加し、しかもそういう人たちがなかなか強かったので、これは嬉しい驚きであった。

このように年々ベンチプレス大会が盛んになっていることは、この種の大会としては日本では初めての試みであった 1985 年の第１回オールジャパン・オープンベンチ大会の仕掛人である私としても、予想以上のことであり嬉しいかぎりである。

■身体的特徴

ベンチプレスが強い人の身体的特長を三つ挙げてみよう。

①腕が短いこと

②胸が厚いこと

③上半身の筋肉の発達がよいこと

この内、③の上半身の筋肉の発達がよいことというのは、考えようによっては当たり前のことであり、またト

〔図ー１〕

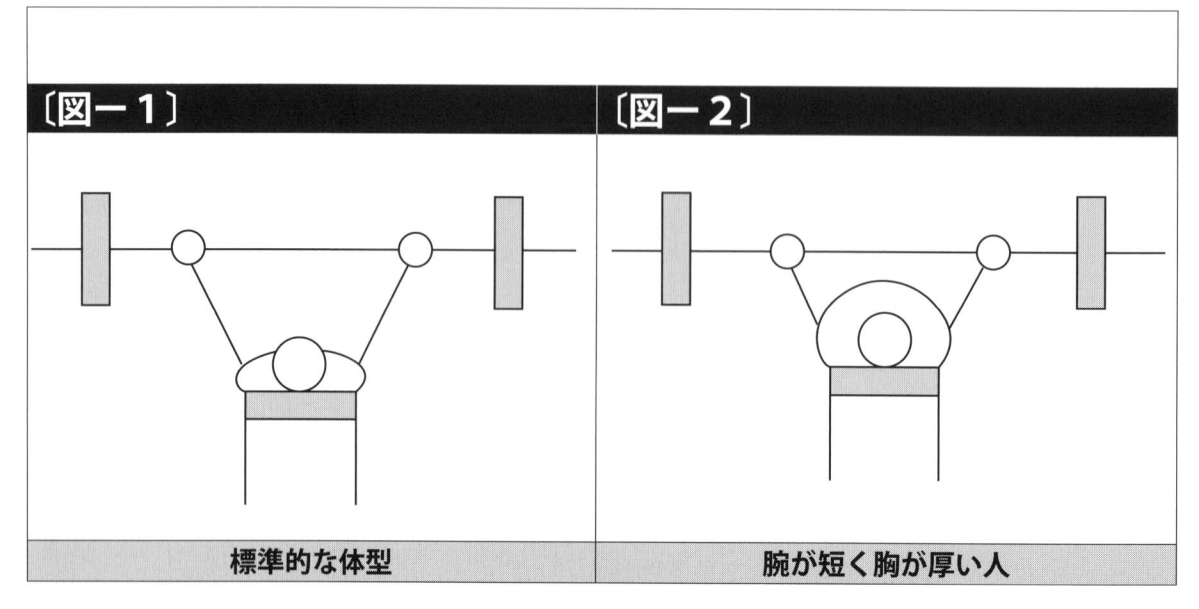

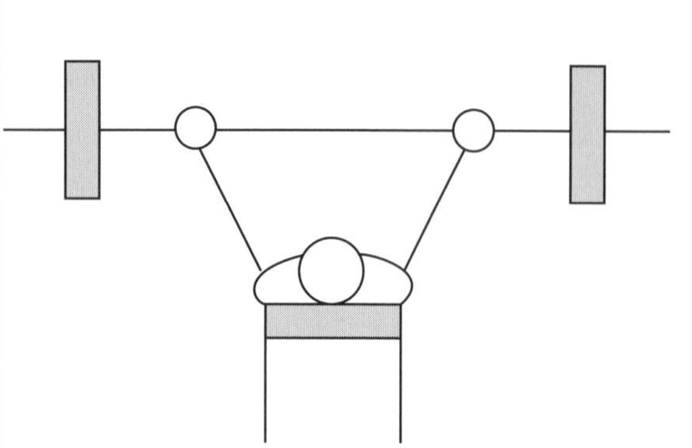

標準的な体型

〔図ー２〕

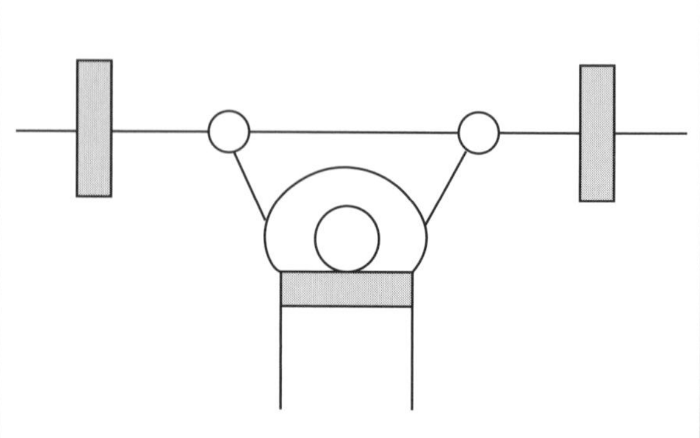

腕が短く胸が厚い人

レーニングを積むことによって、どんな人にも可能なことであるが、①と②については、人間の持って生まれたものである以上どうにもならない。

「残念でした」と諦めない所からテクニックはスタートするのである。まず、36ページの〔図－1〕、〔図－2〕を見ていただきたい。

図を見ると明らかなように、手が短く胸が厚い人は、バーベルを動かす距離が短い。距離が短ければ、各関節の可動範囲が小さい。たとえばヒジを直角まで曲げなくてよい。だから重いものが上げやすい。といった具合に有利になってくる。

では普通の人が〔図－2〕に近づくためには、どうしたらよいか？

1）しりをベンチ台にしっかりつけたまま大きくブリッジする。

2）シャフトを握る手幅を広げる（ただしルール上は人さし指の間で81cmを越えて広く握ることはできない)。

3）シャフトを握った時、肩胛骨と肩胛骨の間をしぼるようにすると見かけの肩幅が狭くなり、胸が厚く、手が短いことと同じ状態を作れる。

筆者のフォーム。脇の絞りが大きく、バーベルを下ろす位置もやや下の方。大胸筋下部と三角筋前面を使ったフォーム

これを図示すると37ページの〔図－3〕のようになる。

以上がバーベルの動く範囲を短くする方法であるが、次に各筋肉の使い方を見てみよう。

〔図ー3〕

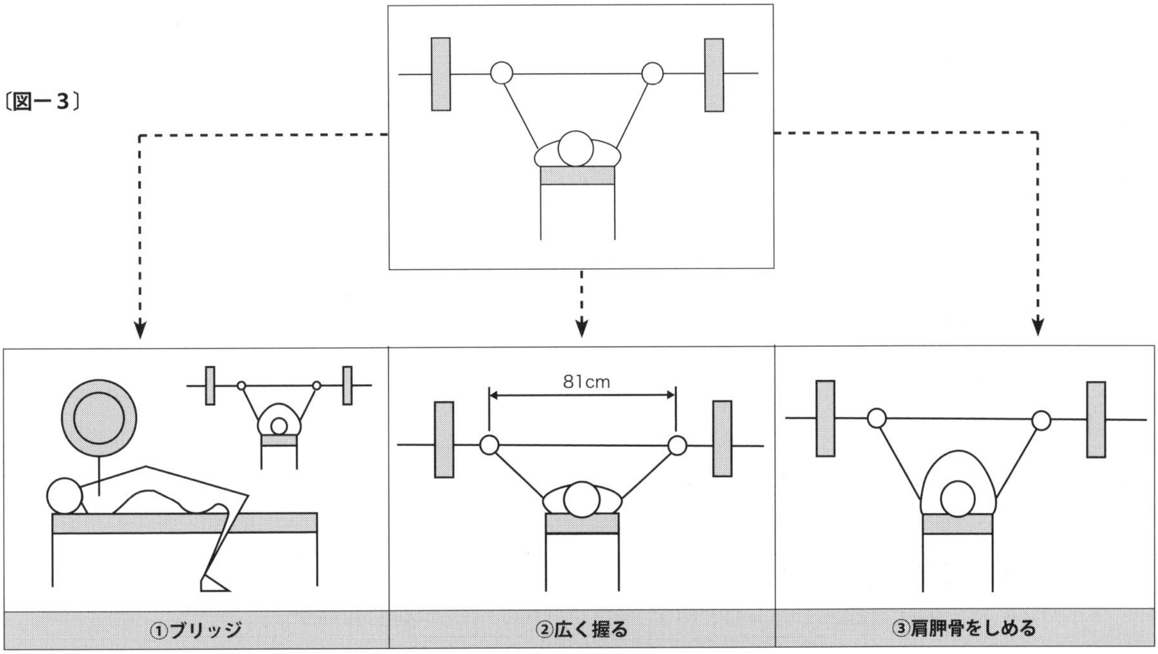

握り方の違いによるベンチプレスのいろいろ

ワイド・ベンチプレス

パワー・ベンチプレス

ナロー・ベンチプレス

リバースグリップ・ベンチプレス

ワイド・ベンチプレス

パワー・ベンチプレス

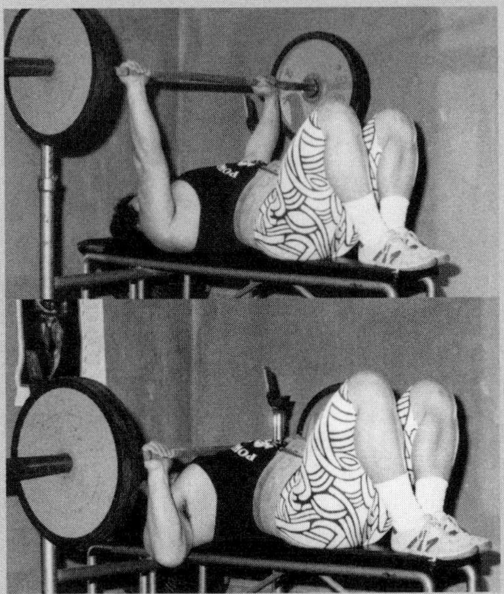

ナロー・ベンチプレス

リバースグリップ・ベンチプレス

パワーリフティングの練習には、信頼できる補助者が必要不可欠

■筋肉の使い方

ボディビルのトレーニングでよく行なわれているベンチプレスは、大胸筋を集中的にきかす方法で、あまりブリッジせず、ヒジと胴体との角度を約 90 度に開いて行なう。

バーベルを胸に下ろす位置もヒジが開いているため胸のやや上部になる。これを我々は、ワイド・ベンチプレスと呼んでいる。

また、この方法とは逆に、よくアメリカのパワーリフターが行なうベンチプレスで、握り幅をやや狭くし、ヒジと胴体との角度を約 45 度に閉じて行う方法がある。この方法はもちろん大胸筋を使うが、三角筋（肩）前面と上腕三頭筋の比率が高まっている。この方法を我々はナローベンチプレスと呼んでいる。

よほど大胸筋の強い人はワイド・ベンチプレスがそのまま、その人の試合用のベンチプレスになり、よほど肩の強い人はナロー・ベンチプレスがその人の試合用ベンチプレスになる。

しかし我々一般人にとっては、ほどよく大胸筋、三角筋前面を使った方が重いものが上げられる場合が多い。

つまりヒジと胴体との角度を 80 〜 70 度程度にほどよくヒジをしぼり、やや胸の下部へバーベルを下ろす方法である。これが標準的パワー・ベンチプレスである。

ヒジの角度は、その人の大胸筋と三角筋前面の強さのバランスによって変わってくるが、ヒジがしまっている方が広背筋も使えるので一般的に有利である。

以上の三つのベンチプレスと上級者スペシャルのリバースグリップ・ベンチプレスを比較のために加えて写真を並べてみたので、ヒジの角度、バーベルの下ろす位置の違いがよくわかると思う。

なお、リバースグリップ・ベンチプレスは特に三角筋前面の強化のためのベンチプレスであり、ラックからはずす時、もどす時、バランスが難しいため両サイドに補助者をつけて行なうべきである。手首などの関節にも無理がかかるので、まだ関節などが十分にできていない初心者はやらないほうがよいと思う。

パワーリフティングのトレーニングの基本は自力で最後の一発まで力を出しきるトレーニングをすることである。それには、ベンチプレスでもスクワットでも左右に信頼できる補助者に立ってもらい、つぶれた時にはいつでも助けてもらうことが重要である。そうすることによって最後の一発のぎりぎりまで力を出すことができるのである。

90年代前半、日本のトップだった金城忍選手。やや膝を絞ったフォームで強い大胸筋を利用して一気に押し上げる

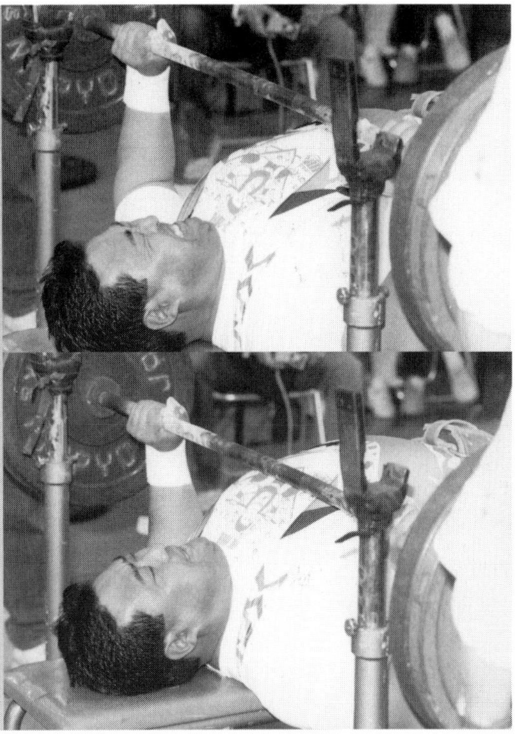

小出選手のフォームは、肘をやや開き大胸筋中心のフォーム

朝生選手は普段のボディビルのトレーニングの影響か、肘を約90度まで開き、強い大胸筋で押すフォーム

ぶ厚い胸の一番高い所へおろす岩崎選手のフォーム。脇は約 70 度ほどの角度で、三角筋前面もよく使っている

マスターズのベンチプレス世界記録保持者富永選手のフォーム。全ての角度が長年のトレーニングによってバランスよくつり合っている

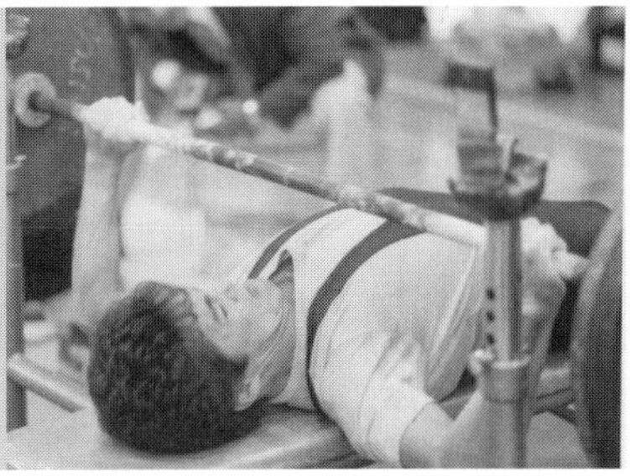

肘の開き過ぎた例

第5章

デッドリフトのテクニック

「デッドリフト」。とても持ち上がりそうにない重いバーベルを気合いとともになんとか引き上げてしまう雰囲気がこの言葉にはよく出ている。

また、人によっては「死ぬほど苦しいデッドリフト」とか「死ぬほどいやなデッドリフト」と思っていることもあるだろう。しかし、正しいフォームをマスターして十分なトレーニングを積めば、これほど記録の伸びやすいものはないのだ。デッドリフトを生かすも殺すもトレーニング次第。しかも、デッドリフトでぶ厚い背中が作れるとあれば、今日からデッドリフトをいやがらずにトレーニングするしかない。

■デッドリフトの有利なフォーム

デッドリフトのフォームを考える時、まず一番重要なことは、腰にかかる負担の一番少ないフォームを理解することだ。デッドリフトは背中と腰で引くのだから、腰への負担が大きいのは当たり前。とはいえ、スクワットの項でも述べたように、パワーリフティングのフォームは1カ所に負荷が集中しないことが原則である。

〔図－1〕を見て考えてみよう。腰に発生する力のモーメントは、バーベルの重さ（F）kg ×重量がかかる腕の付け根から腰までの長さの水平距離A（m）となる。す

〔図－1〕

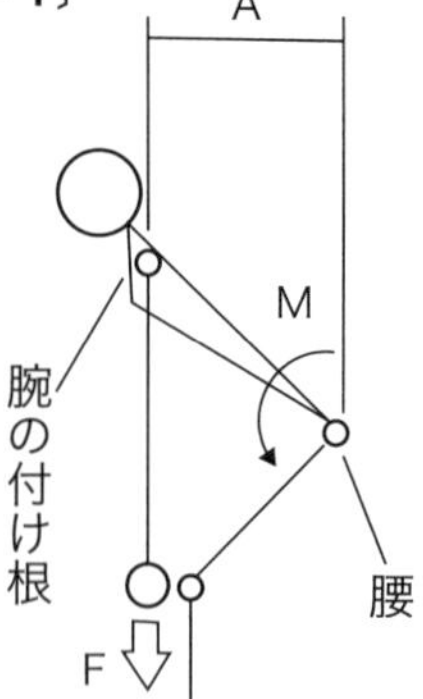

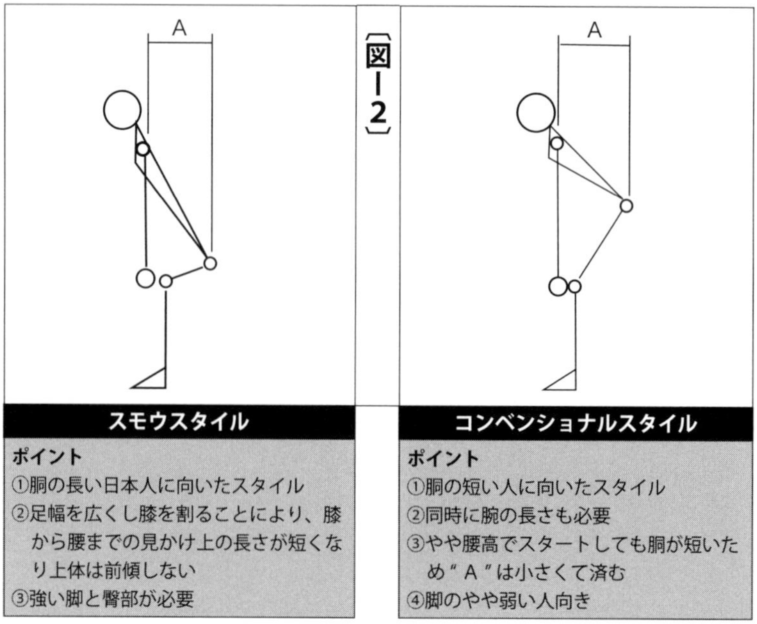

〔図－2〕

スモウスタイル

ポイント
①胴の長い日本人に向いたスタイル
②足幅を広くし膝を割ることにより、膝から腰までの見かけ上の長さが短くなり上体は前傾しない
③強い脚と臀部が必要

コンベンショナルスタイル

ポイント
①胴の短い人に向いたスタイル
②同時に腕の長さも必要
③やや腰高でスタートしても胴が短いため“A”は小さくて済む
④脚のやや弱い人向き

〔図ー3〕

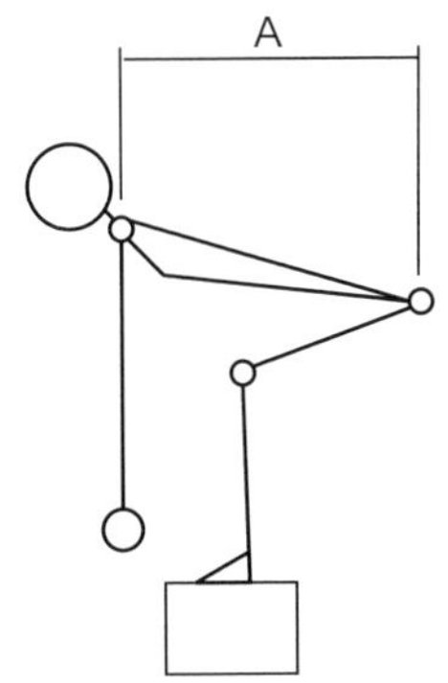

ブロック・デッドリフト

〔図ー4〕

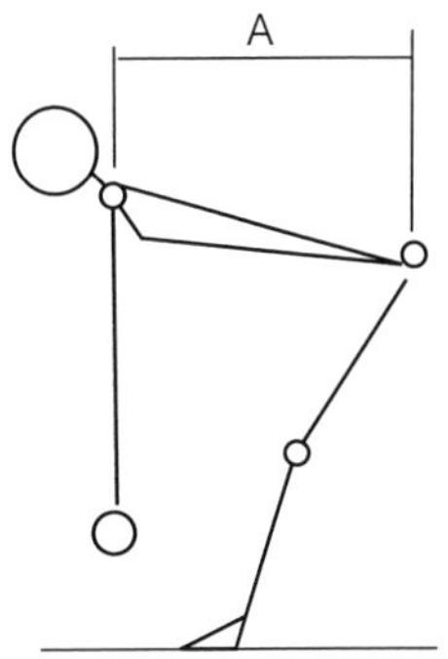

スティッフレッグド・デッドリフト

なわち、

（M）kg・m＝（F）kg×（A）m

腰の強さ（M）kg・mが一定であれば、（A）mを小さくすれば（F）kgは大きくなる。つまり重たいバーベルが上がる。では、どうやって（A）mを小さくするか。これがデッドリフトの有利なフォームのカギとなる。それには、

①バーベルをすねやももに密着させつつ引き上げる。

②胴体を前傾させない。

の二つがポイントになる。例えば、常に①の事柄を意識してトレーニングすると、初めのうちはバーベルがすねに当たり皮膚が破けて血が出ることがある。我々は初心者によくいうのだが、「すねから血が出てはじめて一人前だ」というのはこういう理由からなのだ。

②の事柄についてはスクワットと同じで、足幅を広げ膝を左右に割ることによって胴体の前傾を少なくすることができる。これが“スモウスタイル”である。“スモウスタイル”は逆に脚と臀部に負荷が集中してくるのであるが、その人の脚と背中の強さのバランスによってさまざまな足幅が可能なので、各自で試してみて自分にあった足幅を見つけるべきである。

脚よりも背中が比率的に十分に強い人は、足幅の強い“コンベンショナル”（ヨーロッパ人から見て普通のスタイルという意味）が向いている。このスタイルは〔図－2〕でわかるように胴が短い人に多い。胴が短ければ多少前傾がきつくても自動的に（A）は短くなるからである。

このように試合用のフォームとしては、自分の弱点をカバーするフォーム（逆にいうと自分の強い所を生かすフォーム）、そして負荷を1カ所に集中させないフォームを習得しなければならない。

しかし、普段のトレーニングとしてはやはりデッドリフトで一番必要な固有背筋を強化するフォームでのトレーニングも欠かすことができない。そのためのデッドリフトとして“ブロック・デッドリフト”というフォームがある。これは約10cmの高さの台を用意し、その上にナロースタンスで立ち、膝を中程度に曲げた状態から引き始めるのである。〔図－3〕で見ると意図的にAを長くして腰（固有背筋）の負担を大きくしているのがわかる。また、膝をほとんど伸ばした状態からスタートするフォームを”スティッフレッグド・デッドリフト”という〔図－4〕。これは、さらに腰の負担は増すが、ヘビートレーニングをこれで行なうと腰のケガをしやすくなるので要注意だ。パワーリフターのオフのトレーニングとしては“ブロック・デッドリフト”で十分だと思う。

以上、紹介した四つのデッドリフトのうち、“スモウスタイル・デッドリフト”、“コンベンショナルスタイル・デッドリフト”および“ブロック・デッドリフト”を実際に写真で比較してみるので研究してもらいたい。

斜め前から見た写真

スモウスタイル・デッドリフト

コンベンショナルスタイル・デッドリフト

ブロック・デッドリフト

真横から見た写真

スモウスタイル・
デッドリフト

コンベンショナルスタイル・
デッドリフト

ブロック・デッドリフト

① 44kg 級世界チャンピオン、吉田寿子選手のフォーム。スタート時は腰のよく伸びたいい姿勢。②バーが浮きはじめると背中が曲がってしまうが、背中を曲げることは“A”を短くする方法のひとつ。このスタイルはコンベンショナルスタイルを用いる人に多いが、意識して曲げるのではないことにも注意してもらいたい。意識して曲げると腰を痛めやすい。③十分に肩が後方に返ったよいフィニッシュ

①足幅が中程度のスモウスタイルのスタート。膝がもう少し左右に割れているとよい。②③浮きはじめの時に腰の位置が高くなり過ぎているが、背筋が強いためそのまま引き上げている。どちらかというと、コンベンショナルスタイルに近い内容のスモウスタイルである

①～③、④～⑥はどちらもコンベンショナルスタイルの典型。②の方が⑤にくらべてやや背中の曲がりが大きいが、この程度であれば問題はない

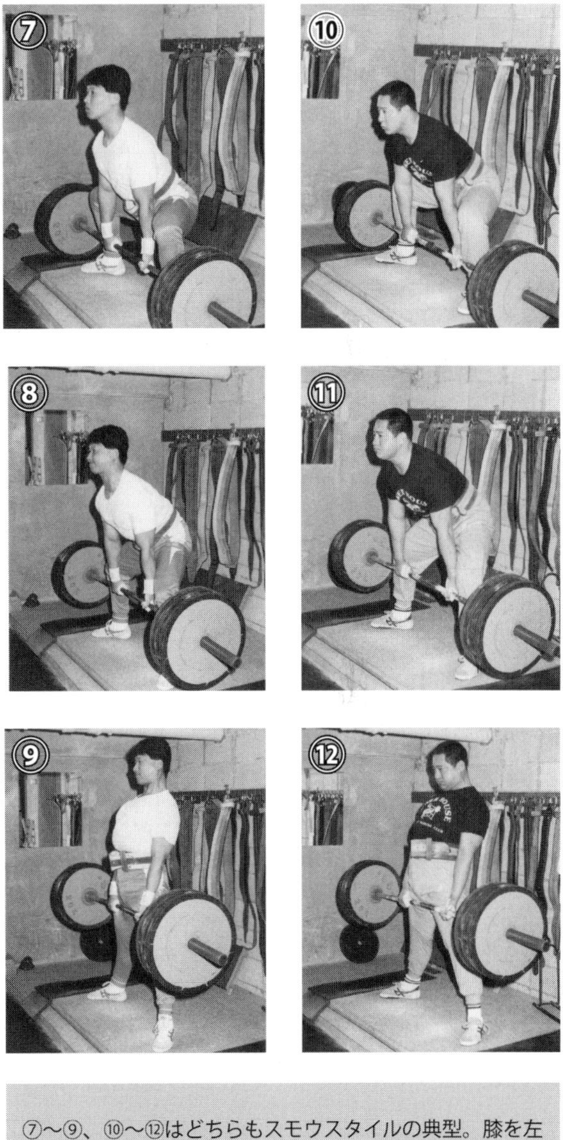

⑦～⑨、⑩～⑫はどちらもスモウスタイルの典型。膝を左右に割って胴体の前傾を少なくし“A”の距離を縮めている。また、このフォームは強い脚と臀部が必要とされている

エド・コーンのデッドリフトフォーム

C・ウィルソンのフォーム

N・テラムバヌアのフォーム

第6章

パワー3種目のトレーニング

前章までにスクワット、ベンチプレス、デッドリフトのパワー3種目について重たいバーベルを上げやすい効果的なフォームについて解説した。これらを普段のトレーニングにどのように組み入れていくかについては、第2章で概論的に述べている。

しかし、トレーニングというものは人によって違うものであるし、同じ人であってもトレーニングの経験年数が長くなれば当然、トレーニング方法も変わってくる。

そこでここでは、もう一度基本的なパワートレーニングの方法を具体的に再確認したのち、トップリフターのトレーニング方法を見ていきたい。

まず、パワーリフティングのトレーニングは他のスポーツと違い、トレーニングの量がトレーニングの結果に直接影響しない。つまりガムシャラに毎日毎日、何時間もトレーニングしたところで、週に2～3回、1回につき1時間から1時間半効果的にトレーニングしている人に必ずしも勝てないということだ。

例えば仕事の関係で週に2回しかトレーニングできず、しかも1回につきせいぜい2時間しかトレーニングできない人が毎年自己の記録を伸ばし、全日本選手権大会の上位に入賞している。ウェイトトレーニングの基本である「力をつけるには、一つの筋肉に対して週2回トレーニングすれば十分である」を理解すれば、こういう方法でも効果を上げられるということが納得できると思う。

■標準的なパワートレーニング

それでは標準的なパワートレーニングをもう一度復習してみよう。ベンチプレスと主に上半身のトレーニングを組み合わせたものを“A”とし、スクワットと背中のトレーニングを組み合わせたものを“B”とする。そしてそれらを例えば次のように組む。

月	火	水	木	金	土	日
A	休	B	休	A'	B'	休

A'はAと同じであるが、違うのはAの日にベンチプレスで100％トレーニングしたとすると、A'の日は80％程度のトレーニングで押さえるということ。B'もBと基本的には同じであるが、違うのはB'ではスクワットを軽めの重量で行ない、その後すぐデッドリフトを行なうことである。

話を具体的にするために架空のパワーリフターY君に登場してもらうことにする。Y君の3種目のベスト記録をスクワット200kg、ベンチプレス120kg、デッドリフト200kgとしておこう。そして、普段の8回こなせる最重量をそれぞれ140kg、100kg、160kgということにする。そうすると、Y君の普段（オフシーズン）のトレーニングはほぼ次のようになる。

◎A（月曜日）のトレーニング

①ベンチプレス

60kg × 8回

80kg × 5回

100kg × 8回

100kg × 8回

②ナローベンチプレス

1990 年全日本大会の筆者のデッドリフト

90kg × 8 回
90kg × 8 回
③インクラインベンチプレス
60kg × 8 回
80kg × 8 回
80kg × 8 回
④バックプレス
50kg × 8 回
60kg × 8 回
60kg × 8 回
⑤サイドレイズ
10kg × 8 回
12.5kg × 8 回
12.5kg × 8 回
⑥バーベルカール
20kg × 8 回
30kg × 8 回
30kg × 8 回
⑦スコットカール
25kg × 8 回
25kg × 8 回
25kg × 8 回
⑧プレスダウン
20kg × 8 回
30kg × 8 回
30kg × 8 回
⑨トライセップスエクステンション
20kg × 8 回
30kg × 8 回
30kg × 8 回

◎ B（水曜日）のトレーニング

①スクワット
60kg × 8 回
100kg × 5 回
120kg × 3 回
140kg × 8 回
140kg × 8 回
②ハイバースクワット
120kg × 8 回
120kg × 8 回
③ラットマシンプルダウン
50kg × 8 回
70kg × 8 回
70kg × 8 回
④ロープーリーローイング
40kg × 8 回
60kg × 8 回
60kg × 8 回
⑤クランチャー
３セット
⑥カーフレイズ
３セット

◎ A'（金曜日）のトレーニング

①ベンチプレス

60kg × 8 回
75kg × 5 回
90kg × 8 回
90kg × 8 回
②ナローベンチ・プレス
85kg × 8 回
85kg × 8 回
※以下 A の日と同じ種目を行なう。

◎ B'（土曜日）のトレーニング

①スクワット
60kg × 8 回
100kg × 5 回
120kg × 8 回
120kg × 8 回
②ハイバースクワット
100kg × 8 回
100kg × 8 回
③デッドリフト
60kg × 8 回
100kg × 8 回
140kg × 5 回
160kg × 8 回
160kg × 8 回
④ブロックデッドリフト
140kg × 8 回
140kg × 8 回
※以下 B の日と同じ種目を行なう。

これが Y 君のオフシーズンのトレーニングである。特にトレーニングを初めて行なってから 2 〜 3 年までの人は、この方法が効果が大きい。

以上のようなトレーニングが基本になって、あとは各選手が自分のトレーニング歴や、身体の回復力の速さなどによって変化をつけて自分なりのトレーニングを作っていくことになる。このトレーニング方法を要約すると、

1）一つの筋肉群につき週 2 回のトレーニングを行なう（ただし、固有背筋は回復が遅いのでデッドリフトは週に 1 回）。
2）ベンチプレス、スクワットは週 2 回のトレーニングに強弱をつける。
3）がんばるセット（ベンチプレスでいえば 100kg × 8 回のセット）は 2 セットで十分。
4）補助種目は一つの筋肉群につき 2 種目、3 〜 4 セットで十分（場合によっては 1 種目、3 セットでも大丈夫）。
5）パワーフォームでスクワット、ベンチプレス、デッドリフトのトレーニングを行なったあと、意図的に不利なフォームで 2 セットトレーニングする（不利なフォームとは前章で説明したハイバースクワット、ナローベンチプレス、ブロックデッドリフトのことである）。

ただ、これに例外があるとすればそれはベンチプレスで、人によってはベンチプレスを週 3 回以上トレーニングした方が効果が上がる人もいる。自分がそういう例外的にベンチプレスに関して多くのトレーニングが必要かどうかは試してみるしかないようだ。

■吉田選手のトレーニング

ここで、44kg 級の世界チャンピオン（1988 年）吉田寿子選手のトレーニング内容を見てみよう。

◎吉田選手の週間スケジュール

月	火	水	木	金	土	日
休	B	A	休	休	B'	A'

◎ A のトレーニング

①ベンチプレス
30kg × 10 回
40kg × 5 回
50kg × 2 回
62.5kg × 8 回
62.5kg × 8 回
②ダンベルベンチプレス
17.5kg × 10 回
22.5kg × 8 回
22.5kg × 8 回
③ダンベルプレス

１９９０年全日本女子大会の吉田寿子のスクワット

14kg × 10 回
14kg × 10 回
14kg × 10 回
④バーベルカール
20kg × 8 回
20kg × 8 回
20kg × 8 回
⑤ディップス
—— × 10 回
15kg × 10 回
15kg × 10 回
◎ B のトレーニング
①スクワット
—— × 10 回
40kg × 8 回
60kg × 5 回
85kg × 8 回
85kg × 8 回
②ハイバースクワット
75kg × 8 回
75kg × 8 回
③ハックスクワット
50kg × 10 回
50kg × 10 回
50kg × 10 回
④チンニング
—— × 10 回
5 kg × 10 回
5 kg × 10 回
⑤ビハインドネックプルダウン
35kg × 10 回
35kg × 10 回
35kg × 10 回
⑥クランチャー
10 回× 3 セット
⑦カーフレイズ

1989年オープンベンチプレス大会

30kg × 10回
30kg × 10回
30kg × 10回

◎ A' のトレーニング

①ベンチプレス（試合と同じように胸で止める）
30kg × 10回
40kg × 5回
50kg × 1回
57.5kg × 8回
57.5kg × 8回

②インクラインベンチプレス
40kg × 8回
45kg × 8回
45kg × 8回

※以下、Aのトレーニングと同じ。

◎ B' のトレーニング

①スクワット
──　× 10回
40kg × 8回
60kg × 8回
70kg × 8回
70kg × 8回

②ハイバースクワット
70kg × 8回
70kg × 8回

③デッドリフト
60kg × 6回
90kg × 3回
120kg × 8回
120kg × 8回

④トップサイドデッドリフト
100kg × 8回
110kg × 8回
110kg × 8回

⑤ビハインドネックプルダウン
40kg × 10回
50kg × 10回
50kg × 10回

⑥ナローグリッププルダウン
55kg × 10回
55kg × 10回

⑦クランチャー
10回× 3セット

⑧カーフレイズ

30kg × 10 回
30kg × 10 回
30kg × 10 回

吉田選手のトレーニングの特色は、

１）パワー３種目の「８発ねらい※」に全力を集中する。
２）そのため、後で行なう補助種目が比較的少ない。
３）パワー用ベンチプレスの後、ナローベンチプレスの代わりにＡの日はダンベルベンチプレス、A' の日はインクラインベンチプレスというように変化をつけている。
４）ベンチプレスの週２回のトレーニングはあまり強弱がない。
５）その他はかなり基本に忠実である。

ちなみに彼女の 44kg 級でのベスト記録はスクワット 135kg（日本記録）、ベンチプレス 65kg（日本記録）、デッドリフト 140kg、トータル 335kg である（日本記録は 1990 年当時）。

ベンチプレスのトレーニング重量のわりに、試合での記録が悪いのは、３～４kg の減量が主に上半身に影響するためと思われる。

日本には世界で通用する選手がまだ何名もおられるので、後半でその方々の実際のトレーニングを紹介する。特にベテランになってくるとその人の身体に合った特殊なトレーニング方法になる場合も多い。基本と同時にそういったトレーニング方法も若い選手の将来のトレーニングを考える上では参考になると思われる。

※「８発ねらい」：筋力をつけるためには常に前回より回数（レップス）または重量を増すようにトレーニングすることが必要。例えば 60kg×８回ができたら、次回は 62.5kg×８回を目指す。もし 62.5kg ×６回しかできなかったら、次回は７回、８回を目指す。ただし、２～３週間進歩が止まったら、１度 55kgくらいまで重量を落とし、55kg×８回→ 57.8 kg×８回→ 60kg×８回→ 67.5kg×８回と毎週重量を上げて再度挑戦していく。これをシステム的に行う方法をサイクルトレーニングと言うが、初心者は挑戦する週を多めにしたほうが伸びが早い。

第７章

試合に向けて

ここまでは単調な毎日のトレーニングであった。だが毎回のトレーニングに前向きの気持ちで取り組んでいれば、知らず知らずのうちにあなたの筋肉は発達し、扱う重量も少しずつ重くなってきていると思う。

日頃、“８発ねらい”をしていると、たまには「自分の本当の力は何kgなのだろう」と思うのも人情である。皆が同じルールのもとで同じ日、同じ時間に比較し合うのが“試合”である。自分の力を皆に認めてもらおうというわけである。せっかく、トレーニングに励んできたのだ。自分の力を試してみよう。そして、どうせ試合に出るのであれば、少しでもよい記録を出して、少しでも上位に入ろう。だが、その前に、試合に出るための調整方法を学んでからにしよう。

■試合に出るための調整方法

人間の身体というのは、毎日の刺激に対して、その刺激に耐えられるように順応していく性質がある。また、その刺激が強すぎる場合は、順応しきれずに壊れてしまう場合もある。

これをトレーニングにあてはめると、毎日のヘビートレーニングに順応してそれに耐えられる身体に変わっていくということである。毎日のトレーニングで“８発ねらい”を行なっていると、重いものを８回上げられるレベルで身体が強くなっていくのである（これが筋肥大と筋力バランスのとれた発達への近道であるということは、この本の前半で述べた）。

また、ボディビルトレーニングのようにゆっくりとした動作で、ねばりにねばるトレーニングをしていると、筋肉は肥大化するとともに、ねばっこく動くようにもなってくる。ある程度トレーニングを積んだ人であると、その人のトレーニングを見ただけで、日頃パワー的なトレーニングをしているのか、ボディビル的なトレーニングをしているのかがすぐわかる。

すなわち、ボディビル的なトレーニングをしている人は苦しくなってもなかなかつぶれず、そのねばりから普段のトレーニングがしのばれるわけである。

パワーリフティングの試合では当然、１回挙上できればよい。普段、“８発ねらい”をしているパワーリフターはある日突然、最高重量で１発が上がるかどうか、ギリギリの重量に挑戦させてみると、身体は“８発ねらい”用にでき上がっている（順応している）ので、計算上は上がると思われる重量も上がらない場合が多い。これは身体の仕組みからいうと当然のことで、“８発ねらい”の身体を１～２ヶ月で試合用の“１発ねらい”に仕上げていくのが、これから説明する“ピーキング”なのである。

■ピーキングの基本

それなら、いつでも試合に出られるように毎日“１発ねらい”をしたらどうなのか？　確かに、特に日本ではそのようなトレーニングをする人は多い。しかし、毎回ＭＡＸを挙上するという強い刺激に対して、ときに身体は順応しきれずケガが多くなるということにつながってくる。パワーリフティングの選手として大成したいのであれば、細かいケガは当たり前としても、大きなケガは極力避けなければならない。そこに、オフシーズンは回数をこなし、試合に向けてはピーキングで身体を作り変

しっかりした目標を持つことが、自分の記録を伸ばすことにつながる。いつかは世界選手権の表彰台へ！

えるという方法の意味がある。

ピーキングの方法を説明するにあたって、また架空のパワーリフターＹ君に登場してもらおう。Ｙ君の普段のトレーニング重量とトレーニング日は次のとおりとする。

日：休

月：ヘビーベンチプレス（100kg ×８回×２S）

火：休

水：ヘビースクワット（140kg ×８回×２S）

木：休

金：ライトベンチプレス（90kg ×８回×２S）

土：ライトスクワット（120kg ×８回×２S）

　　ヘビーデッドリフト（160kg ×８回×２S）

Ｙ君の具体的な試合に向けてのスケジュールを表にしたので、その表にもとづいて話を進めていこう。

この表は試合から数えて何週目にどの程度のトレーニングをするかをあらかじめスケジューリングしているもので、正しく予定されていれば、その予定重量と予定レップス数を機械的にトレーニングしていくだけで、試合への身体と心の調整ができるというものだ。

内容的には、試合から遠い第６週や第５週は５レップスがやっとできる程度の重量を選択して、その２セットに全力を注ぐ。試合にやや近い第４週や第３週は重量をさらに重くして３レップスの２セットをこなす。このあたりまでピーキングが進んでくると１セット、１セットにかなり集中できるようになってきて、明らかにオフシーズンのトレーニングより質が上がってくるのがわかる。

量は減少しても質が高まるため、かえって心身の苦労は激しくなり、このあたりで重すぎる重量に挑戦しているとオーバートレーニング、または“燃えつき症候群”的に試合を前にして心の緊張感がプッツリと切れてしまうこともままあるので注意を要する。

ただ、初めて試合に出る人にとってはすべてが初体験なので、ベテラン選手やコーチの意見を聞きながらピーキングの重量を決めていくとよいだろう。

さらに週は進み、第２週になるとMAXに近い２回挙上可能重量を２セットというトレーニングになる。ここまでくるとトレーニング内容は非常に試合に近いものとなり、選手の張りつめた気持ちも十分に高まってくる。

最後の１週間は試合を前にしてその気持ちを多少リラックスさせる目的と、肉体的疲労を取るために軽めのトレーニングにとどめて試合に備えることになる。試合には、筋肉の疲労を完全に取り、精神的には試合に向けての心の高まりはあるものの、十分自分の意志でそれがコントロールできる状態で臨むことが理想である。その状態に少しでも近づけようとする方法がピーキングであり、ここに例としてあげた表はその代表的なものである。

☆Ｙ君のピーキング表

		日曜日	月曜日	火曜日	水曜日	木曜日	金曜日	土　曜　日	
			ヘビーベンチ		ヘビー スクワット		ライトベンチ	ライトスクワット（ＬＳ） ヘビーデッドリフト（ＨＤ）	
6 週 間	5回×2セット ニーラップ	休日	105kg × 5回 × 2セット	休日	150kg × 5回 × 2セット	休日	90kg × 8回 × 2セット	（ＬＳ）120kg × 8回 × 2セット	（ＨＤ）170kg × 5回 × 2セット
5 週 間	5回×2セット ニーラップ スーツ（腰まで）	休日	107.5kg × 5回 × 2セット	休日	160kg × 5回 × 2セット	休日	90kg × 8回 × 2セット	（ＬＳ）120kg × 8回 × 2セット	（ＨＤ）180kg × 5回 × 2セット
4 週 間	3回×2セット ニーラップ スーツ（かた）	休日	112.5kg × 3回 × 2セット	休日	170kg × 3回 × 2セット	休日	90kg × 8回 × 2セット	（ＬＳ）120kg × 8回 × 2セット	（ＨＤ）190kg × 3回 × 2セット
3 週 間	3回×2セット ニーラップ スーツ（かた）	休日	115kg × 3回 × 2セット	休日	180kg × 3回 × 2セット	休日	90kg × 8回 × 2セット	（ＬＳ）120kg × 8回 × 2セット	（ＨＤ）195kg × 3回 × 2セット
2 週 間	2回×2セット ニーラップ スーツ（かた）	休日	117.5kg × 2回 × 2セット	休日	190kg × 2回 × 2セット	休日	90kg × 8回 × 2セット	（ＬＳ）120kg × 8回 × 2セット	（ＨＤ）200kg × 2回 × 2セット
2 週 間	調整	休日	ベンチ （胸で止める） 115kg 2回 × 2セット スクワット 180kg × 2回 × 2セット	休日	休日	スクワット 120kg × 5回 × 2セット デッド 100kg × 5回 × 2セット ベンチ 80kg × 5回 × 2セット	休日	休　日	
		大会当日							

ベテランは、もちろん各自独特の方法を持っているのであるが、特に若い選手の人たちには、ぜひこの方法を一度試してみることをお勧めする。

うまくピーキングができれば、試合で自分が驚くほどの好記録を出せる上に、ピーキング後、また日常のトレーニングにもどってみると、以前より確実に強くなっていることもよくある（ベテランは試合後、肉体的および精神的疲労のために、ピーキング後、逆に調子の落ちることもあるが）。

■ピーキング実施上の注意点

以上がピーキングの基本であるが、ピーキング実施の上での注意点をいくつか挙げておこう。

①使用重量は毎週、少しずつでも上げていくこと。そのために、十分こなせそうな軽めの予定をたて、１セット目に軽かったら２セット目に増量するとよい。

②試合の道具になれていくのもピーキングの目的の一つ。ニーラップは、ややゆるめの巻き方からスタートし、毎週少しずつきつく巻くようにする。

③スーツになれるため、初め（５週目）はスーツの肩ひもを上げず、スーツを腰まではいた状態でトレーニングする。

④補助運動はピーキングに入った時点で、一つの筋肉につき多くても２種目、３～４セットに減らす。

⑤補助運動はピーキングが進むにつれて、さらに減らしていく。試合２週間前から試合までは補助運動をやめた方がよい。

⑥試合前１週間は生活のペースを今までと変えず、特に変わったことをして精神的エネルギーをロスしないようにする（急にディスコへ行くとか、家に閉じこもりっきりになるなど）。

このようなトレーニングをしていけば、あなたの身体も心も試合用に調整されるはず。あとは試合の日に初めて、１発挑戦になるわけである。ただ、人間の身体と心はいつも一定ではないし、各個人によってトレーニングに対する心と身体の反応は違うので、いつでもこのピーキングで100％成功するとは限らない場合もあるが、皆さんは、これからいろいろな試合に向けて試行錯誤しながら、自分のピーキングの方法を見つけていっていただきたい。

最後に、もしＹ君のトレーニングがこのピーキング表のとおりにうまくいったとすると、Ｙ君の試合での挑戦重量はおおよそ次のようになると思われる。

	S	B	D
第一試技	180.0kg	112.5kg	190.0kg
第二試技	190.0kg	117.5kg	200.0kg
第三試技	200.0kg	120.0kg	210.0kg

第8章

パワーリフティング・ギヤ

スポーツに道具はつきものである。道具の進歩そのものが、そのスポーツの記録を塗り変える原動力になったり、フォームをすっかり変えてしまうことだってある。例えばスキー。30年ほど前に出現したバックル式の硬い靴は、それまでのひも式の軟らかい靴の時代のフォームをすっかり変えてしまうほどの発明だった。パワーリフティングでも25年前に出現したスーパースーツによって、スクワットの記録はもとよりスクワットのフォームまで変わってしまった。また10年ほど前から公認になったベンチプレスシャツもフォームに影響をおよぼしている。このようにパワーリフティングで重要な役割を果たす道具について述べていくことにしよう。

■スーパースーツ

パワーリフティング界ではただ「スーツ」ということも多い。スーツと言ってもパワーリフティングの試合に出るのに背広を着ていくということではなく、腰と尻の部分のサポーターとしての役割を果たす、丈夫な生地でできたきつい「ツリパン」のことである。現在は複数のメーカーが、それぞれ自分たちのノウハウで何種類かのスーツを出しているが、それぞれに特長があるので、どれが一番よいということはできない。

例えばスクワットでしゃがんだ時の反発力の強いスーツもあれば、身体をジワッとサポートするスーツもある。スーツの着心地や、その人に対する効果は、その選手のフォームや体型はもちろん、感覚的な部分が大きいので、ベテランの選手に聞くか、専門のショップで尋ねるか、または自分で何着か試してみるしかないだろう。

スーツは着れる範囲内であればきつい方がよい結果が出る場合が多い。ただし、いくら丈夫な生地でできたスーツでも、生地はやはり布製なのであまり極端にきつくすると破れる場合があるので、きつい方がよいとはいっても限度があることを知ってもらいたい。程よいきつさとは、着た状態で脚の部分に指が2～3本入る程度。肩ひもを上げた状態で、やはり2～3本入る程度だろう。体重の重いクラスの人はこれよりもっとゆるくしないと、しゃがんだ時の生地の伸びが大きくなるだけに、十分にしゃがめないということになる。

スーツは体重や身長の違う人のためにかなり細かくサイズが分かれているが、それでも人によっては体型は千差万別なので自分に合うように調整することが必要になってくる。また、何回かのトレーニングによって生地が多少伸びるため、それを縮める調整も必要だ。ただし、この時注意しなければならないのは、ルールによって「布の二重以上に重なる部分の幅は3cm以内、厚さは5mm以内にしなければならない」ということ、「二重にできる部分は作られたときからある“ぬい目”部分のみ」ということだ。例えば尻の部分を雑巾のようにぶ厚くしてはいけない。

スーツはスクワットの場合はほとんど100％着用されているが、デッドリフトではどうだろうか。ナロースタンス（コンベンショナルスタイル）の多いヨーロッパ、アメリカでは着用率は50％程度であるが、スモウスタイルの多い日本やアジアでの着用率はスクワットと同じように高い。これはスーツが腰と尻のサポーターであると考えると、腰と尻の力で引くスモウスタイルでは重要

な役割を果たすことが理解できるであろう。ただし、肩のきつさは多少ゆるめにした方がよい場合が多い。これは、きつすぎるとバーを握る時にスーツのきつさに身体が負けて背中がまるまってしまうからである。ベテランリフターはスクワットとデッドリフトで別々のスーツを用意している人も多い。最近は背中の引っぱり感を高めたデッドリフト専用の「デッドスーツ」も市場に出ている。

■ベンチプレスシャツ

「足腰にきついサポーター的なスーツを着用することが記録を伸ばす上で有効ならば、Tシャツをきつくすれば、ベンチプレスが楽になるはずだ」と考えたアメリカ人がいる。約20年前のことだ。スーパースーツが発明されて、ほんの数年でこのベンチプレス用Tシャツの考えは実行に移された。初めて市場に登場した頃のベンチシャツはただの極端にきついTシャツだったといってもよいような代物で、きついために着脱が難しいだけで、ほとんど効果がなかった。しかし「人間は工夫する動物」という通り、どんどん改良され、やがて10kgぐらいは効果が出るようになったが、世界連盟が禁止してしまった。それから数年、さまざまな議論の果て、再び公認された。

2002年5月現在は米国の2社からだけ発売されているが、特許の有効期限が切れる2002年7月からは米国で続々と各社から新製品が出る。あらゆるスポーツで、新しい道具がスポーツのテクニックまで変えてしまうということがよく起こっている。スーパースーツが出てから、スクワットのフォームは変わった。きついスーツとニーラップを有利に効かすために、ひざと尻の部分の動きを少なくする方向へと変わっていったのだ。本書で解説してきたフォームは、スーパースーツの使用を前提としたフォームであった。

ベンチプレスでも基本は同じだ。肩の関節の可動範囲

スクワット用の反発力の強いスーツは一人で着ることは難しいが、デッドリフトではやや緩めのスーツが良い場合もある

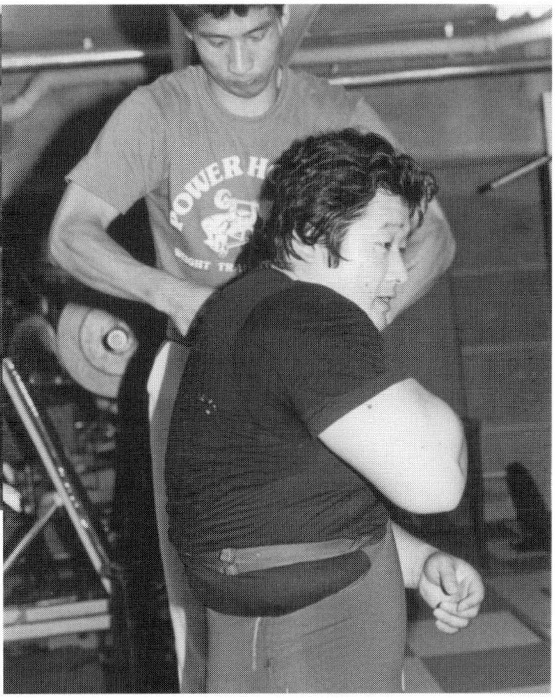

を小さくすること。バーベルの動く距離を小さくすること。大きなブリッジと、肩胛骨をギュッと締めた、「腕が見かけ上短くなるようなフォーム」。それがベンチプレスシャツの効果をより引き出すフォームだ。本書で解説しているパワーベンチのフォームは、ベンチシャツがない時に書かれたものだが、ベンチシャツが効くフォームでもあるのだ。

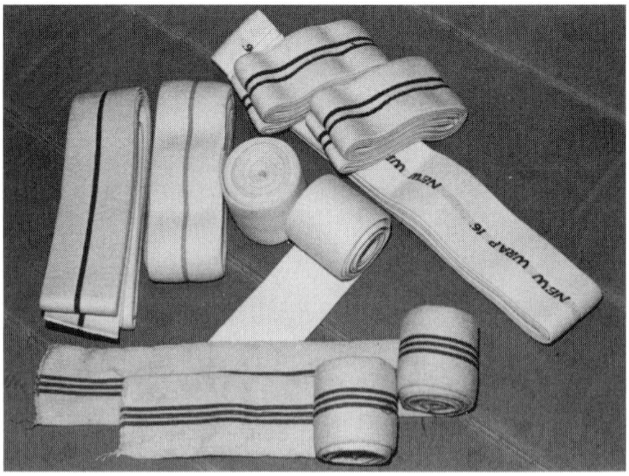

スーパースーツと同じで、ベンチシャツは一人で着られないほどきつい方が効果が出る。一人で着られないということは一人で脱げないということでもある。ということは一人で練習している人はこれを使うことができない。そういう場合は、試合が近づいたら何人かのパワーリフターが集まって合同練習するとよい。ついでに指摘

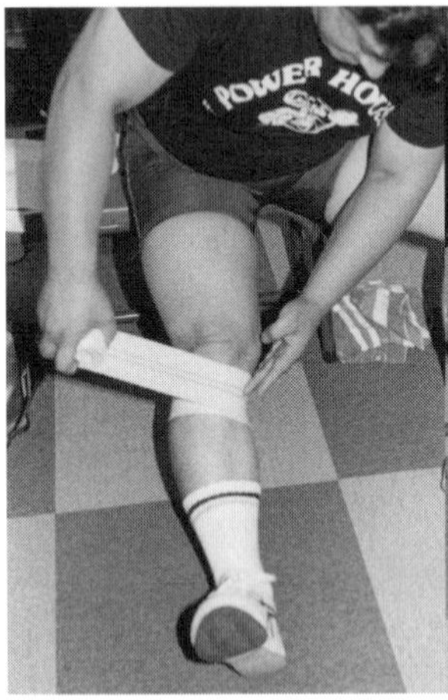

膝の下を２回巻く

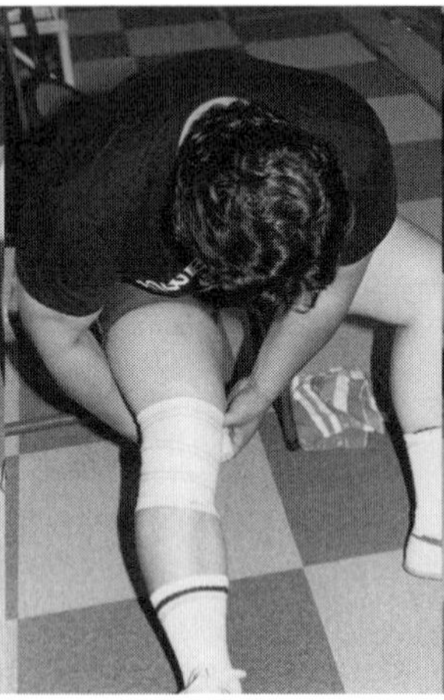

斜め上方へ巻き上げて膝の上を２回巻く

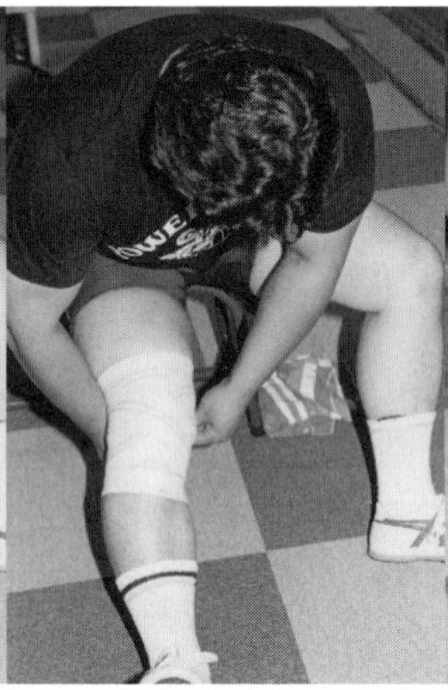

膝を斜めにクロスさせる

最後はしっかりはさみ込む

しておくと、ベンチシャツを着て、普段は持てないような重さでトレーニングするということは、それなりの危険性をはらんでいるということでもある。必ず補助をつけてトレーニングしなければならない。

ベンチシャツも布であるからには、きつすぎると破れる。破れないギリギリのきつさが理想的だが、いきなりきついシャツを着るとフォームが崩れる。徐々にきつめのシャツにして、体を慣らし、テクニックを磨いていくのがよい。

ベンチシャツは生地が伸びたり、体にピッタリとしないときは、腕や胸を縮めて調整することが必要だ。調整の方法いかんでは５kg や 10kg は簡単に違ってくる。

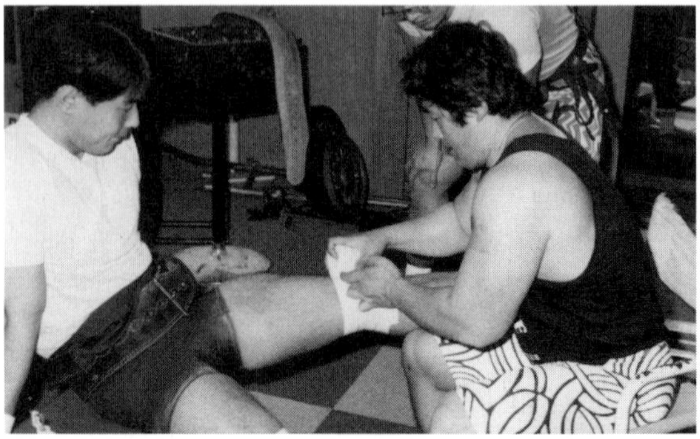

ニーラップの巻き方ひとつで、記録への影響も考えられる。熟達した人に習って、巻き方も研究してみよう

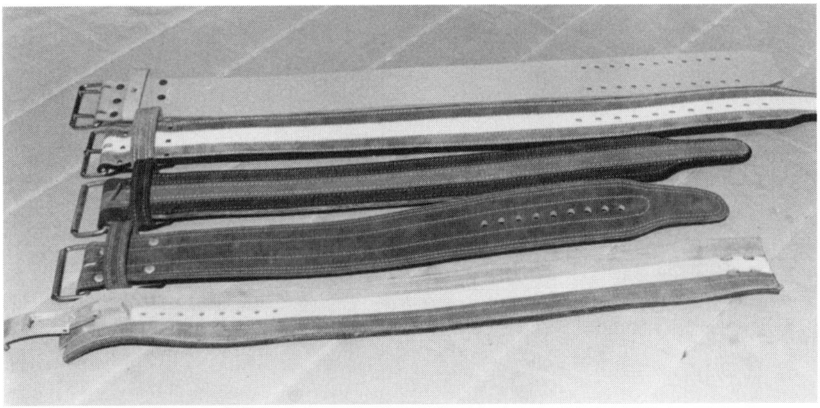

ベルトには幅、厚さ、バックル等さまざまなタイプがある

■ニーラップ

ニーラップとは文字どおり膝に巻くもの。バンテージともいう。ヘビースクワットの時の膝をケガから守り、さらにラップの反発力でスクワットの記録を伸ばすものである。これはピーキングの所で述べたように、徐々に身体を慣らしていかなければならない。初めからギュウギュウ、力いっぱい巻くと痛いばかりで、十分にしゃがめず、バランスを失って転んでしまうことにもなりかねない（これはスーツの場合も同じである…念のため）。

巻き方は色々あるが、我々が試してみて現在行なっている方法を紹介しよう。

A. 膝の皿の下で２回巻く。

B. ラップの1/3程度を重ねながら上の方へ巻き上げる。

C. 膝の皿の上で２回巻く。

D. 膝の皿を中心に斜めにきつく巻く。

E. 最後の部分をはさみこんで止める。

この巻き方のミソはＤの斜めに巻く所にある。膝を曲げるとこの斜めの部分が引っ張られ、その反発力が記録を伸ばすのである。ラップによってどの程度記録が伸びるかはフォームによって違うが、５～10kgは違ってくると思われる。ラップもルールによって制限があり、幅は10cm以内、長さは２ｍ以内とされている。また、この巻き方とは逆に、膝の上部をまず２回巻き、そこから下に巻きながら下ろしてくる方法もある。これは、脚の太い人に向いている。

写真上から一本ピンタイプ、二本ピンタイプ、そしてベルトの前後を逆に使っている例

■ベルト

ベルトはもちろん腰の保護のためのものであるが、パワーリフティングの世界では記録を伸ばす道具でもある。重いスクワットやデッドリフトを行なう時、腹圧を高めることによって腰のケガを予防することになると同時に、胴体をぐらつかさないようにさせて高重量を担ぐこ

とができる。パワーリフティング用のベルトは腹圧をいかに高めるかという目的で作られている。ルールでは幅10cm以内、厚さ13mm以下、全体が均一な厚さであることと決められているが、選手の使う、いわゆるパワーベルトはこの範囲内ギリギリの寸法で、しかもできるだけ硬く作られている。硬く幅の広い（特に腹の部分の幅が広いということが重要）ベルトをひとりでは締められないほどきつく締めて選手たちは試技をしている。

しかし、いきなり初心者がそこまでやると肋骨を痛めるなどのケガをする可能性も出てくる。これもスーツやラップと同じで、時間をかけながら柔らかいベルトから硬いベルトへ進んでいけばよいと思う。最近のベルトは色もカラフルになり地味な印象のパワーリフティングにもおしゃれ感覚がようやく入ってきたようだ。

写真上から踵の高い靴、踵の低い靴、地下足袋

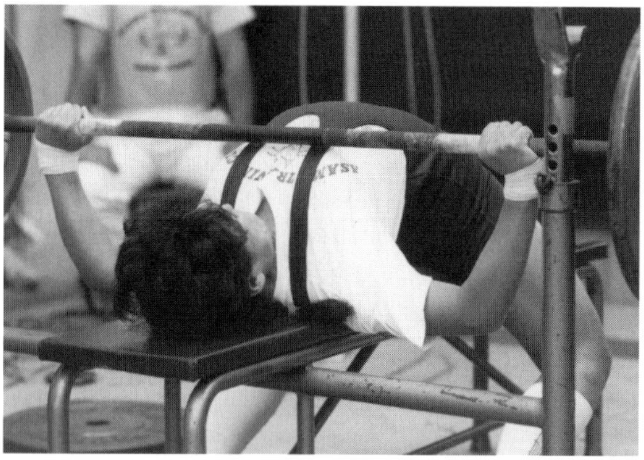

ケガの予防のためにもリストラップは重要

ベルトには１本ピンタイプと２本ピンタイプがあるが、柔らかい革のベルトは２本ピン、試合で使う硬いベルトは１本ピンがよいと思う。試合のあわただしさの中で２本のピンがなかなか入らずにあせるよりは、１本のピンのほうが早く締められるからである。最近は便利なワンタッチ式のレバーアクションベルトも見られるようになってきた。

■リストラップ

重いベンチプレスやスクワットをする時、よく手首を痛めることがある。パワーリフティングのルールでは、上半身では手首にだけラップを巻いてよいことになっている。幅は８cm以内、長さは１m以内とされている。ただし、リストラップは記録を伸ばすための道具ではないので、今まで述べたスーパースーツとニーラップとは性格の違うものである。しかし、普段のトレーニングから使うことによって手首のケガを予防できるので、重要な道具である。最近はマジックテープを利用した使いやすい製品も出ている。

■靴

靴は何よりも滑らず、足首がグラグラしないものがよい。アメリカではパワーリフティング用の靴というものがあるが、これは調べてみるとウェイトリフティング用の靴とほとんど同じで踵が２～３cm高いタイプの靴である。アメリカやヨーロッパの選手に多いナロースタン

デッドリフトで手を滑らせて失敗するケースがよくある。滑り止めは必ずつけるべき

スの場合はこれでもよいが、日本人に多いややワイドからワイドスタンスのスクワットでは、踵が低いほうがスクワットが安定する場合が多い。最近ではアメリカでもワイドスタンスの人が増えてきたためか、踵が低めのパワーシューズも市場に出てきている。かなり完成度が高いので試してみる方がよいだろう。

日本ではピッタリくる靴はなかなかないのだが、ハイカットのバレーボールシューズが、今の所日本で手に入る、スクワットに一番ふさわしい靴だと思う。さらに底を薄くするために靴の中のスポンジの中敷まで剥がしてしまう選手もいる。

デッドリフトではフォームに関係なく踵の低い、底の薄い靴が必要となる。踵が高ければ高いだけバーベルを引く距離が長くなるからである。

もうひとつパワーリフティング用の靴で重要なのは滑らないこと。このへんも要チェックだ。

■その他

○アンモニア……試技の直前に何か臭いをかいで顔をしかめたり、急に怒鳴ったり、涙を流したりしているが、あれはアンモニアである。これを直接鼻でかぐと頭のてっぺんをハンマーでなぐられたような衝撃があり、シャキッとする。そういうわけで試合では気付け薬として使われている。これで記録が伸びるかどうかはわからないが、「さあ、これからやるゾ！」という気合いを入れるには役立つものである。

○ベビーパウダー……デッドリフトの時、腿に真っ白になるまでパウダーを塗っている選手が多い。知らない人は滑り止めかと思って炭マグを塗っているが、これは間違い。デッドリフトの時のシャフトと腿の摩擦を少しでもなくし、スムーズにひけるようにしているもの。ルール上、油などを塗ることは禁止されているので、選手はベビーパウダーを使っているわけである。注意すべき点は手のひらにベビーパウダーをつけないことだ。デッドリフトが引けても、手が滑ってシャフトを落としてしまうことになる。

○テンプレート……人間の身体は歯のかみ合わせが悪いために背骨や腰や肩が曲がっていたり、ずれていたりすることが多い。テンプレートはマウスピースのようなものであるが、歯のかみ合わせを微妙に調整することによってからだの曲がりを矯正するものである。実際に使ってみると歯がぐっとかみしめられ、トレーニング中の最後の１発のねばりがかなり違ってくる。ベンチプレスで左右のバランスが悪い人が、テンプレートを用いることによって正しいバランスになった例もある。うまく使えば試合での記録向上に役立つ道具である（もちろん試合での使用はルール上問題はない）。

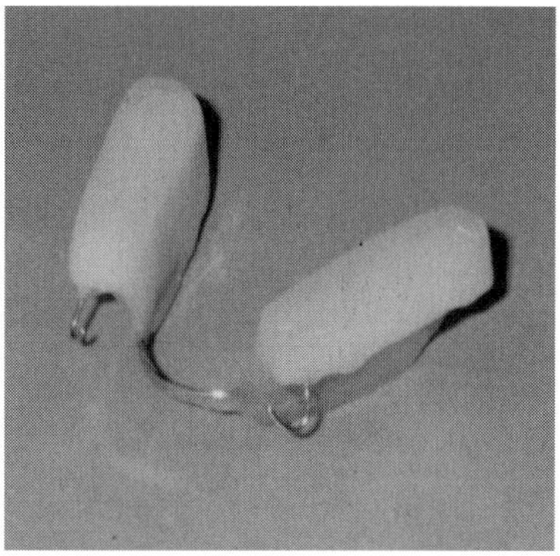

テンプレート

第9章

栄養とサプリメント

一般的にパワーリフターは、ボディビルダーと比較して栄養やサプリメントに無頓着な人が多い。

私の知っている全日本のトップクラスのパワーリフターでも「サプルメントなんか摂ったことがない」と言っている人もいる。そういえばあの世界選手権17回優勝の因幡選手はプロテインすら飲んだことがなく、私が勧めたアミノ酸も「大きくて飲みにくいから」というので飲むのをやめてしまったほどである。

何もこの文章で、私は「栄養もサプルメントも、トレーニングさえしていれば重要ではない」ということを言おうと思っているわけではなく、その重要性を書こうと思っているのである。しかし本人の食事のバランスがとれていれば、それらに無頓着でも一流選手になれるというのも事実のようである。

ただし、何も知らなくてムチャクチャな食事で記録を伸ばすのに回り道をしたり、はては病気になってしまってはつまらないので、ここに栄養とサプルメントの必要最小限のことを書いて、参考にしてもらおうと思う。

特に栄養については、ようやく日本でもスポーツにとっていかに栄養が重要かということが一般に認識されてきたので、役に立つ参考書が何冊も本屋に置かれるようになってきている。もっと知りたい人はぜひ栄養について深くつっこんだ勉強をされるように希望する。

■栄養について

我々は毎日毎日多量の食事をとっている。この量に比べればサプルメントと呼ばれる栄養補助食品の量は知れている。このことからも毎日の食事の重要性がわかる。

食物の中には、タンパク質、脂質、糖質の他にビタミン、ミネラルなどが含まれるが、さらに現代の科学でも十分に解明されていない、いわゆる「微量元素」なるものも含まれている。これらのものを広く身体に取り入れるためには、なるべく多くの種類の食物を食べなければならない。

よく「筋肉を作るためにはタンパク質が必要だ」と聞くと、朝から晩まで卵ばかり食べていたり、肉ばかり食べていたりする若者がいるが、これでは身体が必要としているその他の栄養物が足りないため、逆に身体は弱り、風邪ばかりひくとか、目まいがするとか、スタミナがないなどということになってしまう。

そうならないためにも、まずトレーニングする人は、広く何でも食べなければならない（1日に食べる食品の種類は、合計で30種類以上必要だとされている）。

さて何でも食べるのであるが、例えば肉とごはんと野菜の量の比率はどのようにすればよいのであろうか？

１９９０年になって初めてアミノ酸を飲んだという因幡選手は世界大会17回の優勝経験をもつ

これについてはわかりやすい原則がある。それは「１・２・３の原則」といわれている。つまり１日に食べる食物のエネルギーの比率は、脂肪１：タンパク質２：糖質３、ということである。これはウェイト・トレーニングを行なっている人にふさわしいエネルギー比率であり、一般人とは多少違ってくる。

例えば１日に3000kcal摂っている人がいるとすれば、脂肪は3000kcal × 17％＝ 510kcal、タンパク質は3000kcal × 33％＝ 990kcal、糖質は3000kcal × 50％＝ 1500kcalというわけである。ちなみに990kcalのタンパク質は何gかというと、990kcal ÷ 4 kcal ＝ 248gと非常に大量である。

まあ我々パワーリフターとしては、毎日エネルギー計算もしていられないので、気をつけることは「タンパク質は多めに、脂肪は控えめに、デンプンなどの糖質はやや多めに」ということになる。ただ日本の毎日の食事では上記のような大量のタンパク質を摂ることがなかなかむずかしいので、プロテインパウダーやアミノ酸などのサプリメントの重要性が出てくるのである。

■減量・増量について

パワーリフティングにおいて、特に減量は目的とする体重別クラスに出場するためにも非常に重要である。ただしボディビルのようにバリバリのカットが出るまで減量してしまうと、信じられないくらい力が落ちるのが普通である。

そこでボディビルとはまた違った形の減量をするのであるが、基本的には長期の減量で体脂肪を減らし、短期の減量で水分を減らすというのは同じである。長期の減量というのは数ヶ月から２～３週間かけて減量するが、目的は筋肉をなるべく残して脂肪は落とすということ。

経験的には１週間にせいぜい0.5kg程度の減量である。もちろんこれよりも早く、もっと体重を減らすこともできるが、これより早いと力が落ちるスピードも速くなる。週に0.5kgというのは月2kg。もし10kg減量したいのなら５ヶ月かけて減量すれば、ほとんど力に影響しないで減量することができる。

こうして長期の減量で、自分の目標とする体重の３％

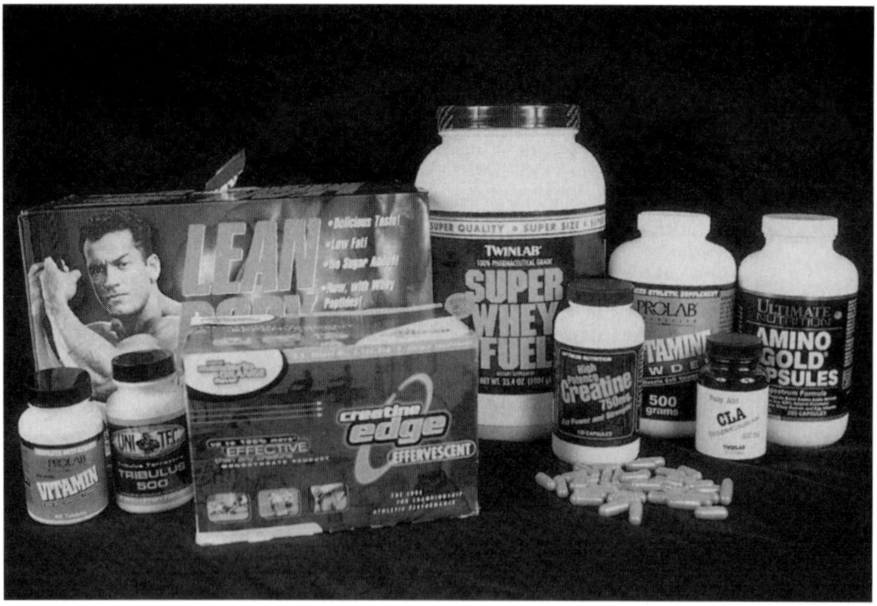

以内に体重をもってくることができれば、あとは試合直前の短期の減量になる。３％というと75kg級の人で２kgオーバー程度。この程度ならば試合前日の夕食を抜いて、水も昼ごろから飲むのをやめれば、朝起きてトイレに行けば朝の検量時にはだいたい75kgになっている。

検量後、水分と糖質を補給すれば自分の試技の頃には、落とした２kgもほぼもどって、普段通りの力が出るだろう。この短期の減量も、無理をすれば３％といわずもっと落とせるのだが、その結果はスクワットの第１試技で「重い！」ということで気がつくことになる。でもその時は、すでに遅すぎたという場合もあるのである。

■サプルメントについて

プロテインとかビタミン剤というのは、言ってみれば平和なサプルメントで、毎日の食事で不足するものを補給しようというものであるが、ここ２～３年はもっと過激なサプルメントも登場している。

いわく「男性ホルモンの分泌を促す」、いわく「成長ホルモンの分泌を促す」。これらのサプルメントについては、人それぞれ意見もあるだろうが、私はこう思う。

選手というものは、ルールの許す範囲内で何か自分の記録を伸ばすのに役に立つものはないかと目を光らせているものである。その時安易に科学の力を頼って薬物を利用するのがドーピングであり、効果は多少遅いが身体にとって安全で「自分の体内の代謝を変えて運動能力を高める」のが最近のサプルメントなのではないだろうか。

最近のサプルメントの科学は日進月歩で、次から次へと新しい製品が生まれてくる。ただこの中にはコマーシャリズムに冒されて、何の効果もないものもあるだろうし、うまく使えば身体にとって安全で、しかも効果の大きいものもあるだろう。

ここでは一応、現在どんな種類のサプリメント類があるかを、一覧表（別表）にして分類してみたいと思う。

これらは、まだサプルメント類の一部に過ぎないが、今アメリカで使われているものである。これがどんどんエスカレートしていくと、ドーピングに近くなっていくのではないかという疑問も出てくるが、やはりドーピングとの決定的な差は「自分の身体の代謝を活性化させる」という一点に尽きると思う。

この事実について、はっきりとした見識をもってサプルメント類を利用していきたいものである。ちなみに、以上で紹介したサプルメント類はドラッグテストに対しては、問題はないとされている。

目　的	サプリメント例	備　考
タンパク質の補給をサプリメントで摂りたいと考えた時	プロテインパウダー	大豆や卵、牛乳のタンパク質を抽出し、粉末状にしたもの。乳タンパク質を原料にしたものでも、乳清から抽出したウェイプロテインは、特に吸収が早いことが知られている
	アミノ酸	タンパク質を加水分解したもの
	ブランチド・チェイン・アミノ酸	分枝鎖を持つアミノ酸で、筋肉合成に欠かせない、ロイシン、バリン、イソロイシン
通常の食事を摂る時間がないが体作りに必要な栄養を摂りたい時	ミール・リプレイスメント（ＭＲＰ）	タンパク質はもちろん、体作りに欠かせない栄養素を粉末状にしてあり、プロテインパウダーの感覚で摂取できる。通常１食分が１パックに収められており、携帯に便利
筋肉合成を効率よくする為に必要な微量要素を満足させたい時	総合ビタミン・ミネラル剤	この目的の為には、各ビタミン、ミネラルを単品で摂るよりも、なるべく総合ビタミン、ミネラル剤で摂る方が効果的
ある特定のホルモン分泌を促し、筋肉合成を期待したい時	トリブラステリストリス	睾丸にテストステロンの生成を命ずる脳の科学伝達物質・ルテナイジングホルモンの分泌を高める
	ＣＬＡ	共役リノール酸。牛乳脂肪中に含まれており、体脂肪減少と筋肉増強効果がある
脂肪を落としたい、またはつけたくない時	Ｌ－カルニチン	アミノ酸（脂肪酸の酸化を促す＝脂肪を燃やす）
	キトサン	甲殻類などのキチン質で動物性食物繊維。血糖値の上昇を抑制する効果もある
	ガルシニア・カンボジア	インド、東南アジア周辺に自生する果物の皮から抽出された脂肪の蓄積を抑えるハイドロキシシトリックアシッドが含まれている
エネルギーを増加させたい時	クレアチンモノハイドレイト	筋収縮の直接のエネルギー源であるアデノシン三リン酸（ＡＴＰ）の生成に必要なクレアチンリン酸塩の前駆物質。パフォーマンスの向上に直結する
	リボース	細胞に元々存在する糖の形態で、グルコースやＡＴＰの生成など、人体の重要な機能にかかわる。持久力とスタミナが増す
	バナディル・サルフェイト	微量ミネラル、バナディウムの化合物。筋肉細胞のグリコーゲンの蓄積を増やし、スタミナをアップさせる
疲労回復	グルタミン	アミノ酸の一種で、免疫能力を促進するばかりか、成長ホルモンの分泌も促す
関節の傷害予防、回復	グルコサミンサルフェイト	硫酸塩。関節組織成分で、軟骨を破壊から守る
	コンドロイチンサルフェイト	細胞と細胞をつなぐ結合組織で、体全体はもちろん、関節の正常働きに必須の栄養素。グルコサミンと共に摂取されることが望ましい
体に必要な脂肪、不飽和脂肪酸を効率的に摂取したい	フラックスオイル	亜麻仁油。体に必要な必須脂肪酸であるオメガ３（アルファリノレン酸）を含む
	フィッシュオイル	魚からとれる油。やはり体に必要な必須脂肪酸

第10章

トップリフターのトレーニング法

何の世界でもそうだが、その世界でトップに立つ人というのは、並みはずれた精神力と肉体的素質をもっているものである。だから単純にトップリフターのトレーニング方法を見て、そのまま、まねをすることは、特に初心者にとってはあまり意味のない場合がある。

しかし、これから見ていくトップリフターたちのトレーニング方法には共通する何かがあるはずであり、それこそが誰にでも役に立つ基本なのである。それら基本は本書の前半で私が述べたことと共通するものでもあるが、今回はそれを思い出しながら実際のトレーニング方法を理解してもらいたい。

■スクワット

ここで紹介するスクワットの試合向けのトレーニングは、ジョン・ウェアというアメリカの選手のものである。彼は1970年代〜1980年代前半まで長く活躍したスーパーヘビー級の選手で、特にスクワットでは400kg台の記録を何度も出し、70年代後半のパワーリフティング界をリードしてきた選手である。

彼の試合向けトレーニング（ピーキング）は12週で成り立っている。

彼が重要だと指摘する事項は4つある。

世界でトップに立つ人というのは、並外れた精神力と肉体的素質をもっているものである。が、彼らのトレーニング方法の中にも共通する部分があり、それこそが誰にでも役立つ基本なのだ

①ピーキング12週を前半6週、後半6週に分け、前半ではスクワットを週2回トレーニングし、後半ではスクワットを週1回だけトレーニングする。

②肉体を試合に向けて調整（ピーキング）するだけでなく、身体の反射神経をも試合に向けて調整する（急にスクワット重量を重くすると、身体が慣れていないために失敗することがある。それをなくすため）。

③常に、十分しゃがんだ正しいフォームでトレーニングすること。

④常にパワーリフティングをよく知っている仲間とトレーニングすること。はげまし合い、悪い所を指摘してもらうことは、記録を伸ばす上で重要。

次に12週間のピーキングを表にしてみよう。

〔表一1〕はスクワットのベストが270kgの人用に作ってある。この重量を参考に自分の重量を割り出して用いるとよい。

※前半6週間のうち、火曜日の内容は筋肉を作るためのもの、金曜日は試合と同じスーツとバンテージを着用しての感覚のためのトレーニングである（反射神経のためのトレーニング）。

※後半の6週間は、作り上げた筋肉を試合で力が出せるようにするために仕上げるトレーニングである。この時期は疲れを残さないように、トレーニング量は減らしていく。補助運動についても、いつもより重いものを扱う必要はなく、疲れをためてはいけない。

以上がジョン・ウェアのスクワット・トレーニングのスケジュールである。

■ベンチプレス

では次に、ジェフ・マグルーダーのベンチプレス・トレーニングを見てみよう。ジェフ・マグルーダーはベンチプレスのスペシャリストであり、1987年には110kg級で282.5kgを成功させている。この記録はすべてのクラスのリフターを含めて史上4位の記録であり、110kg級では1位である（1990年当時）。

さて、彼のトレーニングの考え方を並べてみよう。

①試合のために仕上げるには、16週間トレーニングする。

②それを前期（4週）、中期（4週）、後期（8週）に

表1. ジョン・ウェアのスクワット・ピーキング表

週	スクワット（火曜日）	スクワット（金曜日）	補助運動
1	60×10 210×5×4セット 100×8 スーツ、バンデージなし 140×6 180×1	60×10 スーツ、バンデージ着用して 100×8 140×6 バンデ 180×1 225×1	レッグプレス3セット レッグカール2セット カーフレイズ4セット 腹筋 火・金共に同じ
2	同上	upは同じ 227.5×1	同上
3	60×10 215×5×4セット 100×8 140×6 180×1	230×1	同上
4	同上	232.5×1	同上
5	同上	235×1	同上
6	同上	240×1	同上
7	60×10 バンデージスーツ腰につけて230×3×3セット 100×8 140×6 180×1	なし	レッグカール3セット カーフレイズ4セット 腹筋
8	60×10 250×3×2バンデージセット・スーツ肩にかけて 100×8 140×6 180×1 215×1	なし	同上
9	60×10 260×2×2バンデージセット・スーツ肩にかけて 100×8 140×6 180×1 220×1	なし	同上
10	60×10 270×2×2バンデージセット・スーツ肩にかけて 100×8 140×6 180×1 230×1	なし	同上
11	up同じ 280×2×1バンデージセット・スーツ肩にかけて	なし	同上
12	up同じ 280×1×1バンデージセット・スーツ肩にかけて	なし	なし
試合	スタート 260 2本目 280 3本目 290		

デッドリフトは疲れのたまりやすい種目なので、多くのトップリフターが週１回のトレーニングをしている

分ける。

③前期は身体を作り、ややオーバートレーニングの状態に追い込むための時期。そのためにベンチプレスの他に、胸はインクラインベンチ・フライ、肩はバックプレス、アップライトロー、サイドラテラル、三頭はディプス、トライセプス・プレスダウン、リバース・トライセプス・プレスダウン等多くの種目でトレーニングする。ただし１種目につき８～10レップスを３セット程度。それを週２回、いつもがんばる。

④中期は週２回トレーニングするが、重い日と軽い日に分け（補助運動も分ける）、重い日はベンチプレスは５レップス４セット、補助運動も５レップスにして３セット行なう。軽い日はベンチプレスは５レップスやって10秒休み、また５レップスやって10秒休み、さらに５レップス（計15レップス）行なうものを４セット行なう。補助運動は８レップスにして３セットを軽く行なう。

⑤後期はここまでに作った筋肉が十分力を出せるようトレーニング量を大幅に減らし、重量は上げて調整していく。トレーニング量は週２回で、ベンチプレスは重い日に５レップス５セットから始め、３レップス５セット、そして３レップス３セットへと減らしていく。軽い日は軽い重量で５レップス５セット。補助運動は一つの筋肉につき１～２種目にして６レップス３～４セットとする。

以上が彼の考え方である。彼はベンチプレスは上半身の筋量を増すことが一番重要だといい、オフシーズンもボディビル的に上半身をトレーニングしている。

彼の実際のトレーニングは別表のように進んでいく。まるでスクワットかデッドリフトのような重量である。14週あたりが一番苦しいトレーニングの日で、あとの２週は疲れを取るようなトレーニング内容にしている。

■デッドリフト

デッドリフトは疲れのたまりやすい種目である。多くのトップリフターは週１回のトレーニングをしている。

そんな中で代表的なのが、ここで紹介するJ.D.カーである。彼は60kg級のアメリカ・チャンピオンであり、特にデッドリフトの強さで知られている選手である。彼がベスト225kgの選手用にピーキング・プログラムを組んでくれているものがあるので、紹介しよう。

このピーキングは10週間で仕上げるもので、ピーキングに入る前に６～８レップス×３セットのデッドリフトで筋肉を作っておくことを勧めている。また補助運動については、前半の６週間はラットマシンプルダウン、ベントオーバーロー、シュラッグ等を８～10レップス×３セット行ない、後半の４週間は軽めのラットマシンプルウダウンを８レップス×３セットのみにするよう勧めている。そして試合前は、最後の重いデッドリフトは試合の10日前に終わらせること、と言っている。

表2. ジェフ・マグルーダーのベンチプレス・ピーキング表

後期の８週のトレーニングメニュー

週	重　い　日	軽　い　日
9	227.5kg× 5 × 5 セット	180 × 5 × 5 以下全て同じ
10	232.5kg× 5 × 5	
11	235kg× 5 × 5	
12	225 × 5 230 × 5 240 × 5 × 3	
13	230 × 5 240 × 5 245 × 5 × 3	
14	225 × 3 230 × 3 240 × 3 245 × 3 250 × 3	
15	225 × 3 235 × 3 245 × 3 × 3	
16	190 × 3 205 × 3 220 × 3	

表3. J. D. カーの デッドリフト・ピーキング表

週		週	
1	60 × 8　125 × 5 60 × 8　145 × 5 100 × 5	7	60 × 8　180 × 5 60 × 8　210 × 5 120 × 5
2	60 × 8　140 × 5 60 × 8　160 × 5 100 × 5	8	60 × 8　180 × 5 60 × 8　220 × 5 125 × 5
3	60 × 8　145 × 5 60 × 8　170 × 5 100 × 5	9	60 × 8　180 × 5 60 × 8　220 × 2 125 × 5 225 × 1
4	60 × 8　150 × 4 60 × 8　175 × 3 110 × 8	10	60 × 8　180 × 2 60 × 8　195 × 1 125 × 3 230 × 1
5	60 × 8　160 × 3 60 × 8　180 × 3 115 × 5	試合	up 60 × 8　195 × 1 110 × 5 170 × 1 1本目　210 2本目　225 3本目　240
6	60 × 8　170 × 3 60 × 8　195 × 3 115 × 5		

〈因幡英昭選手のトレーニング法〉

1990 年 11 月のオランダでの世界選手権大会で優勝し、さらにその後の優勝を加え、世界チャンピオンになること何と 17 回という、日本が誇るパワーリフター、因幡英昭選手のトレーニング方法を取り上げてみる。

ただし、世界チャンピオンになる人というのは、並みはずれた体力、あるいは精神力、時にはその二つを同時に持ち合わせているもので、それを我々一般のパワーリフターがそのまままねをして十分効果があるのかどうか、またはそもそもまねができるものなのかどうかは疑問と思われる部分もある。

特に今回紹介する因幡選手のトレーニング方法は、私が今までいろいろな形で出会ったトレーニング方法の中でも異色のものであり、例えばアメリカの有名なパワーリフターが因幡選手のトレーニング方法を知った時の反応は、大抵「信じられない！」といったものだった。特にそのトレーニング量の多さは、世界チャンピオンへの道は生やさしいものではない、と人を納得させてしまうほどのものである。

しかし、このトレーニングに十分耐えられる人がいれば、その人の体力的な素質は因幡選手並みのものであるかもしれないし、トレーニング量がそのまま結果に結び付きやすい若い人にとっては、トライしてみる価値のある方法だと思う。あるいは、このトレーニングの考え方

88年世界大会でのスクワットの試技

年間トレーニング・スケジュール表

1月	2月	3月	4月	5月	6月	7月	8月	9月	10月	11月	12月
→ 完全休養	→	←→ 完全休養した体を再び作り上げるトレーニング			▲ 全日本選手権	←→ 休養	←→ 世界選手権へ向けての、質・量共に充実したトレーニング			▲ 世界選手権	←

はそのままで、内容を自分なりにアレンジしてみるのもよい方法であろう。

■パワーリフターとしての歩み

世界の因幡も初めは平凡な、どこにでもいる中級のウェイトリフターであった。21 歳の時自衛隊で始めたウェイトリフティングを３年間続けたが、全日本選手権の出場経験はなく、地方大会にぼちぼち出場していた程度であった。自衛隊をやめた後もウェイトリフティングを続けようとしたが、一般社会でウェイトリフティングができる場所もなく、たまたま当時国分寺にあった“アスレチックせき”に入会し、関会長の指導でパワーリフティングに目覚め、めきめきと力をつけた。

そして、1974 年にアメリカで行なわれた世界選手権に、日本人として初めて参加した。選手は因幡選手１名、コーチおよび役員としては関会長と遠藤光男氏の２名。結果はスクワット 195kg、ベンチプレス 105kg、デッドリフト 220kg、トータル 520kg で、52kg 級優勝。これが因幡選手の世界の舞台へのデビューであった。

ちなみに、これら四つの記録は全て世界記録。そして、役員としてのお二人の努力が実って、日本は IPF にも加盟でき、世界の一員としての JPA の発展も、ここに始まったのである。

しかし、その後の因幡選手は仕事上の時間の関係等の問題で、ジムでのトレーニングはやめて自宅の庭でひとりでトレーニングするようになった。雨や雪が降ればトレーニングはできないし、仕事の関係上夜勤が続く時も練習予定が大きく変わる、という条件のもとでのトレーニングである。しかし、そんなハンデにも負けず、世界大会で 17 回の優勝を飾ったのである。私は因幡選手を「パワーリフティングの天才」と呼んでも差し支えないと思っている。なお、2002 年現在は会社を辞め、「イナバ・パワー・ジャパン」というジムを運営している。

■年間トレーニング・スケジュール

因幡選手の目標はただひとつ。世界選手権に優勝すること。従って年間スケジュールもただひとつの目標に向かって決められる。

スケジュール表を見ていただきたい。

若い選手にとっては３ヶ月間もの完全休養はあり得ないと思うが、毎年世界選手権へ向けて全力投球する因幡選手にとっては、からだのケガをなおし、精神的疲れを取るためには３ヶ月もの休養が必要なようだ。３ヶ月間トレーニングを休んでも毎年少しずつ記録を伸ばし続けてきたことを考えると、この方法はベテラン・リフターにとってよい方法かもしれない。

また因幡選手にとっては、全日本選手権大会というのは体調を上げてゆく途中の節目みたいなものだそうで、身体ができ上がってゆく途中の状態で出場している、とのことである。トレーニングに完全に集中するのはやはり世界選手権を前にした９月、10 月である。

■週間トレーニング・スケジュール

因幡選手は特に決まった週間トレーニング・スケジュールをもたない。なぜならば屋外でトレーニングするために、予定を組んでおいても雨や雪でトレーニングできなくなるからである。しかし、もし雨も雪も降らなければこうしたい、というスケジュールはある。それは３日続けてトレーニングし、１日休む、というものである。実際はそれが天候によって程よく乱され、休養になっているらしい。が、２日も３日も雨が降ると、トレーニング不足でイライラしてくる、といっている。特に梅雨の６月や台風の９月はトレーニングが十分にできないらしい。

週間トレーニング・スケジュール表

第１日	第２日	第３日	第４日
重いベンチ	重いスクワット	重いデッド	
軽いスクワット	軽いデッド	軽いスクワット	休み
軽いデッド	軽いベンチ	軽いベンチ	

■実際のトレーニング

〈スクワット〉

一例としては、世界選手権前の 10 月頃のトレーニング。スーパースーツを腰まで着用する。

軽い日は 180kg を越える重量は扱わない。ただし、トータルセット数が 15 セットになるように軽めの重量のセットを増す。

スクワットは週３～４回トレーニングしている。

〈ベンチプレス〉

現在、肩を痛めているので、肩に負担のないフォームを求めて、手の握り幅を変えたり、色々工夫しているが、この長い不調はなかなか終わらない。

ベンチプレスの軽い日は、100kg を持たないで 90kg 程度で行なう。

ベンチプレスは苦手種目なので週４～５回トレーニングしている。

〈デッドリフト〉

身体を作る時期は、バーベルを床より５～ 10cm 高い所に置き、その分重いバーベルを引くトレーニングをする（最高 250kg 程度）。

バーベルを床に戻すのは 10 月に入ってから。デッドリフトのトレーニングの時にはスーパースーツを着ない（試合時だけ着用する）。

以上が因幡選手のトレーニングの全てである。世界選手権前は補助運動はしない。

全日本選手権前の身体を作る時期は、多少ボディビル的なトレーニングもしている。

シンプルだが、とてつもないスタミナと精神力の必要なトレーニングである。

■食事について

食事については全く簡単である。つまり「何も気にしていない」。

脂肪だろうが塩分だろうが何でも食べる。ラーメン・ライス等も好物のうちのひとつだそうだ。好物と言えばアルコールは因幡選手の大好きなもので、毎晩ビール１本とウィスキーの水割２杯を飲んでいる。タバコは吸わない。

1990 年の世界選手権前は生まれて初めてサプルメントを使用した。アミノ酸である。調子もよく、減量もスムーズだったが、試合直前に腰を痛めてしまった。が、これはアミノ酸のせいではない。

食事のことになると急に書くことがなくなってしまう。何を食べても脂肪がつかず、強くなる人もいるということか？

■因幡選手から一言

最後に因幡選手から若い選手にメッセージ。

「才能のある若い選手をよく見かけるが、皆続かないからダメだ。パワーは続けることが一番大事。それから、多少強くなってすぐ鼻にかける若い選手がいるが、上には上があるものだ。いつも謙虚に何事も勉強だと思う気持ちを持たなければ伸び続けられない」

重量	回数	セット数	
100	8	2	
120	8	2	
140	6	1	
160	4	1	
180	3	1	
200	1	1	
210	1	1	バンテージ
220	1	1	〃
230	1	1	〃
240	1	1	〃
200	5～8	1	〃
180	8	1	
160	5	1	
140	6	1	
130	7	1	

ベンチプレス

重量	回数	セット数
60	10	2
70	8	2
80	6	2
100	2 ～ 3	2 ～ 3

デッドリフト

重量	回数	セット数
100	5	2
120	5	2
140	4	2
160	3	2
180	3	1
200	1	1
210	1	1
220	1	1
230	1	1
180	4	2
160	5	2
140	5	1
130	5	1

軽い日は、スクワットと同じように重量は 180kg までとし、軽い重量でセット数を増やし、合計 15 セットをこなす。

89年世界大会でのデッドリフトの試技

〈三土手大介選手のトレーニング法〉

■パワーリフターとしての歩み

パワーハウスのようにパワーリフティング専門のジムをやっていると、ときどき無名でも恐るべき素質を持った人が尋ねてくることがある。三土手大介が初めてやってきたのはまだ18歳の時。高校生の時からウェイトトレーニングに励んでいたということで、ベンチプレスの最高記録は170kg、スクワットは260kgだと言っていた。腕の太さも45センチはあった。体重は108kgぐらい。まずこの体形がずば抜けていた。骨格ががっちりとしていて、いかにも筋肉がたくさんつきそうな予感がした。ベンチプレスをやらせてみると、筋肉のスピードも申し分ない。どうせトレーニングするならパワーハウスで本格的にやって世界のトップを目指そうと誘ったところ、すぐにパワーハウスのメンバーになった。

まず最初に行ったのは、フォームの矯正。次にトレーニングの方法。毎回MAXに挑戦していたので、基本的に普段のトレーニングは8回にして、たくさんの補助運動をこなすことで体ができるということをまず理解してもらい、トレーニング方法を全く変えた。三土手大介の偉いところは、なかなか急激な変化を受け入れにくい人が多い中、すぐにパワーハウスのトレーニングになじんでいったことだ。

そして3、4ヶ月後に全日本ジュニア選手権に参加し初優勝、そして更に2、3ヶ月後には全日本選手権に初参加。ただしこの大会では順位は下位だった。その年は、秋の世界ジュニア選手権にも参加、だが世界の壁は厚かった。

こうした経験が引き金になり、三土手大介のトレーニングに対する意気込みはどんどん上がっていった。

パワーハウスに入門して2年。1994年のインドネシアでの世界ジュニア選手権大会。デッドリフトのアップ時にバーベルを足に落として足の親指を骨折してしまった。ここで今年の世界ジュニアも終わったかと思ったが、ライバルの米国選手が失格。もしデッドリフトを1本だけでも引ければ優勝というチャンスが巡ってきた。ここで、異常な精神力を発揮し、ほとんど歩けない三土手大介は泣きながらバーベルを引ききってしまったのだ。

2001年秋田でのワールドゲームズ

三土手大介、スクワットに向けて集中度を上げていく

この体験が三土手大介を大きく変えていくことになる。精神力さえあれば道は自ら開くことができる。そんな自信が体から溢れてきた。

それまでは、色々なところに故障を持っていたのだが、それを治しながらトレーニングしたいということで、自分の工夫を入れたトレーニング方法も試すようになった。

■三土手流サイクルトレーニング

パワーハウスでは８回への挑戦がトレーニングの基本となっていたが、同じペースで２ヶ月ほど頑張っていると、多くの選手が一度は頭打ちになることが分かっていた。そういうときは、一度思いきってあつかう重量を減らし、軽い重量でのトレーニングから再度やり直していた。

それを三土手流にアレンジし始めたのが、世界ジュニア後であった。まずは初めから２ヶ月で一つのサイクルを作っておく。そのサイクルの中で初めはかなり軽い重量で 10 回ねらいをし、中盤で中ぐらいの重さで８回ねらいをし、最後の方で、８回ねらいだがギリギリの重さに挑戦するというものだ。新しい概念として２ヶ月という時間の枠をはっきり初めから決めておくこと。そしてサイクルの最初は楽にできるかなり軽い重量でトレーニングを行ない、体が故障から立ち直る余裕を与えること。さらに軽い時期に多くの補助運動をこなして体作りをし、重たい最後の２、３週間は補助運動を減らすということ。

ほとんどピーキングに近いトレーニングなのだが、大きく違うのは、レップス数が変わらないこと。MAX への挑戦は１回（１レップ）ではなく、８レップスで行なうところだ。

このトレーニングのよい所はどうせ２ヶ月ぐらいで伸びが鈍るならば、初めから２ヶ月単位でサイクルを作り、その中でメリハリをつけてトレーニングをこなすという所だ。単調さを廃し、サイクルの後半で自己ベストが出るように、サイクルごとに少しずつ進歩させていくこと。特に中級者からベテランにお勧めしたいトレーニング方法だ。

このようなトレーニング方法を年間に４、５回行なうことにより、１年でそれぞれの種目を 10kg ぐらいは進歩させるということで、この数年間進んできている。もちろん細かなトレーニング内容は、前回のサイクルでの反省を入れて、進化させ続けている。そういった創意工夫が三土手大介の強さの秘密ではないだろうか？

2000 年の秋田での世界選手権では 125kg 級で優勝。続く 2001 年のワールドゲームズでもヘビー級で優勝。とうとう世界の三土手となった。

■ 2002 年全日本選手権前のサイクル

ここに挙げる具体的なトレーニングは 2002 年のもの。驚くべき重量だが、全ての重量はパワーギアを付けない状態のもの（いわゆるノーギアの状態）。パワーハウスでは普段のトレーニングはサイクルトレーニングであっても、完全にノーギアで行なっている。ノーギアでトレーニングを行なうことで、パワー３種目のための主要な筋肉だけではなく、バランスを取るための細かな筋肉や、関節や靭帯をも鍛えることができるからだ。サイクルトレーニングを重ねることにより、体の基礎筋力を強化し、試合に向けての仕上げはピーキングと、はっきり区別すること。ピーキングでは、体を試合に向けて仕上げると共に、パワーギアを完全に使いこなす調整を行ない、試合で最高の記録に挑戦しているのだ。

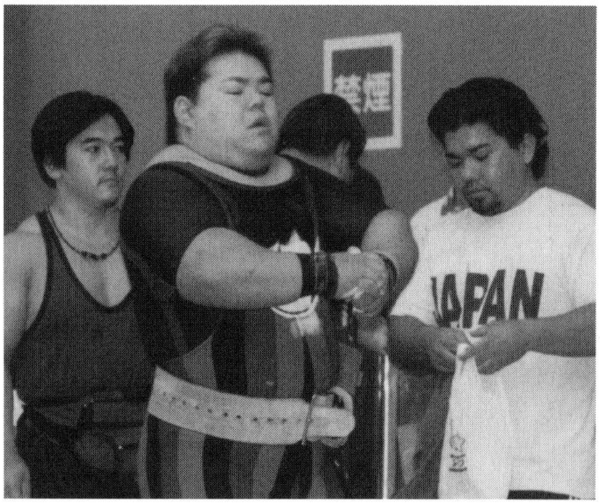

ベンチプレス前の三土手選手

〈スクワット〉

三土手大介が最も好きなトレーニング。トレーニング日は土曜日。パワーリフティング３種目をそれぞれ週に１回だけトレーニングするのが、彼のトレーニングの特徴。扱う重量が極端に重たいので、週に１回で十分に効果が上がる。それ以上やるとオーバートレーニングになる。

第１週　235kg ×８レップス×２セット、255kg ×５レップス×１セット
第２週　245kg ×８レップス×２セット、265kg ×５レップス×１セット
第３週　255kg ×８レップス×２セット、275kg ×５レップス×１セット
第４週　265kg ×８レップス×２セット、285kg ×５レップス×１セット
第５週　275kg ×８レップス×２セット、295kg ×５レップス×１セット
第６週　285kg ×８レップス×２セット、305kg ×５レップス×１セット
第７週　295kg ×８レップス×２セット、315kg ×５レップス×１セット
第８週　305kg ×８レップス×１セット

８レップスでの自己新記録挑戦は第８週のみ。毎サイクルごとに最後に自己最高を更新できるようにプログラムされている。８レップスの２セットの後に重量を重たくして（彼の場合は２週間後に行なう重量）５レップス行なうのは、毎週どんどん上がる重量に体を慣らさせるためのものだ。最後の３週間は、あつかう重量が重くなって非常に高い集中力が要求されるので、８レップスの挑戦は１セットだけとなる。

こうやって１サイクルが終わると、１週間休んで次のサイクルに入る。次のサイクルのプログラムは、これより少しでも重たいものをこなすように計画する。

〈ベンチプレス〉

要領はスクワットと全く同じ。トレーニング日は月曜日。

第１週　180kg ×８レップス×２セット、195kg ×５レップス×１セット
第２週　187.5kg ×８レップス×２セット、202.5kg ×５レップス×１セット
第３週　195kg ×８レップス×２セット、210kg ×５レップス×１セット
第４週　202.5kg ×８レップス×２セット、217.5kg ×５レップス×１セット
第５週　210kg ×８レップス×２セット、225kg ×５レップス×１セット
第６週　217.5kg ×８レップス×１セット、232.5kg ×５レップス×１セット
第７週　225ｋｇ×８レップス×１セット、240kg ×何回できるか挑戦
第８週　232.5kg ×８レップス×１セット

〈デッドリフト〉

レップ数が少なくなっている以外は、スクワット、ベンチプレスと全く同じ要領。デッドリフトを正確に行なうために、１回ごとにバーベルを床で止めて行なっている。つまり、床にバウンドさせていない。デッドリフトは水曜日に行なう。

第１週　205kg ×６レップス×２セット、225kg ×３レップス×１セット
第２週　215kg ×６レップス×２セット、235kg ×３

レップス×１セット
第３週　225kg ×６レップス×２セット、245kg ×３レップス×１セット
第４週　235kg ×６レップス×２セット、255kg ×３レップス×１セット
第５週　245kg ×６レップス×２セット、265kg ×３レップス×１セット
第６週　255kg ×６レップス×２セット、275kg ×３レップス×１セット
第７週　265kg ×６レップス×２セット、285kg ×３レップス×１セット
第８週　275kg ×６レップス×２セット

〈補助運動〉

サイクルトレーニングは「計画的に毎回重量を上げて、身体の基礎筋力をアップさせていく」というものである。パワーの３種目のトレーニングが終わったら、補助運動を行なう。ベンチプレスならベンチプレスに必要な筋肉を重点的に鍛えるのである。

三土手大介の場合はスクワットの後に足、腹筋の補助運動。ベンチプレスの後に胸、肩、上腕三頭筋の補助運動。デッドリフトの後に背中、上腕二頭筋、前腕、腹筋の補助運動を行なっている。「常に自分の体の状態をチェックして、必要な補助種目を割り出し、トレーニングしている。補助種目を頑張りすぎてオーバーワークにならないように気を付けている」といっている。

ちなみに三土手大介は 2002 年、パワーハウスから独立し『ノーリミッツ』というジムを設立した。

ベンチプレス 295kg に挑む三土手大介

〈近藤好和選手のトレーニング法〉

20代後半から本格的にパワーリフティングに取り組み、10数年間全日本選手権に連続出場し、2001年に44歳で110kg級において優勝を果たした近藤好和選手のトレーニング方法を取り上げてみたい。

■パワーリフターとしての歩み

近藤選手は、パワーリフティングを始めて約20年。現在の試合でのベスト記録と体型は次の通りである。スクワット300kg、ベンチプレス200kg、デッドリフト280kg、トータル780kg。身長170cm、体重105kg、胸囲122cm、上腕囲46cm(コールド)、大腿囲74cm(コールド)。実にバルクたっぷりの身体であるが、この身体と記録は週2回、1日1時間半のトレーニングで得ることができて、現在もこのトレーニングで伸び続けている。

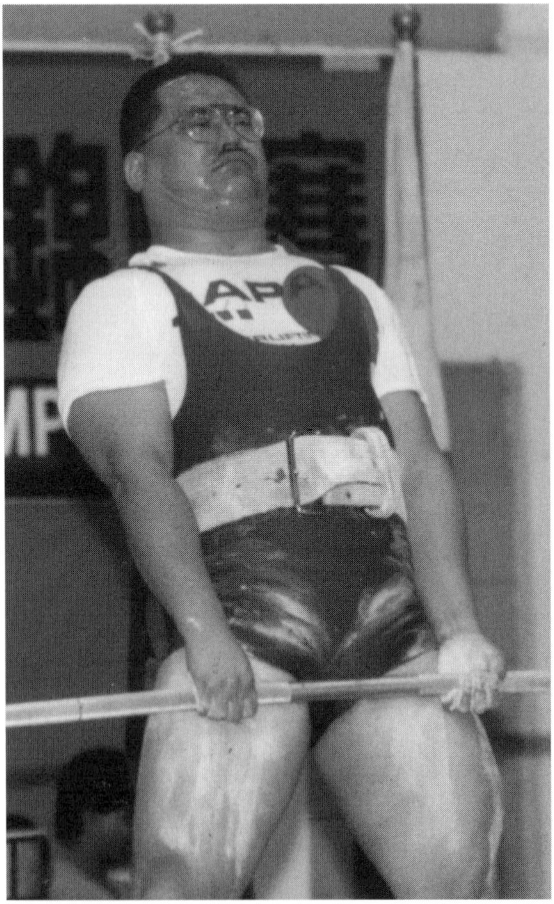

彼も初めのうちは、仕事の合間の時間がとれればもっと練習量を増やしたがっていたし、事実週3回のトレーニングを実施したこともあった。しかし、家からパワーハウスまでの距離が遠いこともあり(横須賀から府中まで片道2時間かけている)、私とトレーニング法を話し合い、色々試した結果、ここ10数年は週2回のトレーニングに落ち着いている。

そもそもパワーリフティングで、選手が自分の持っているポテンシャルを十分に発揮できるようになるまで10年かかるといわれている。ということは、学生で始めた人も社会人になって忙しい毎日を過ごす中で、トレーニング時間を何とかして見つけ出さないことには一流になれないといえる。最近の学生大会や高校生の大会を見ていると、将来の大器になりうる素晴らしい才能を持った選手が多い。しかし、この中で、卒業した後に果たして何人がパワーリフティングを続けて、本当の一流選手になるのだろうか?

多くは卒業と同時に「時間がない」「トレーニング場がない」とやめていっているようだ。このような全くもったいない事実の原因のひとつに、学生時代、有り余る時間に物をいわせて毎日トレーニングをしたため、それ以下の練習(例えば週2日程度)ではもう伸びないと思い込んでしまうためではないだろうか。

この本を始めから読んでいただいている読者の方には繰り返しになるが、パワーリフティングのトレーニングにはいくつかの基本的な原則がある。この原則はパワーだけでなく、ウェイト・トレーニングの原則でもあるので、全てのバルクアップおよびパワーアップを望む人の原則となる。その原則とは以下の通り。

①ひとつの筋肉群は週に2回トレーニングすれば十分である。

②その2回のうち、最大強度で行なうのは1回だけでよい。

③小さな筋肉ほど超回復が早く、大きな筋肉ほどそれが遅い。

④高重量でトレーニングできる筋肉ほど超回復が遅い。

⑤筋肉のバルクと力を同時に高めるには、1セット8回のトレーニングが効果が高い。

これを実際のトレーニングに当てはめると、

バックプレス

①ベンチプレス、スクワット等のトレーニングは週２回行なう。

②週２回のトレーニングを重い日と軽い日に分ける。例えばベンチプレスの重い日は目いっぱいハードにするが、軽い日はやや軽めで行なう。

③二頭筋や三頭筋等の小さな筋肉は週２回とも頑張ることができる。

④デッドリフトのように高重量で行なうものは、週１回とする。

⑤オフシーズン（試合がなく、身体を作る期間）は１セットにつき８回のトレーニングを基本とする。

となる。

■トレーニング・スケジュール

これから紹介する近藤好和選手のトレーニングもこの原則に沿ったものであり、科学的な裏づけの高いものである。さらに、そこに本人の身体に合わせた工夫もなされている（トレーニング重量は1990年頃のもの）。

月曜日　軽いスクワット、重いデッドリフト、ベンチプレス

１）スクワット

150kg ×３回×１セット

180kg ×５回×１セット

※彼は扱う重量が重いので、１セット８回ではなく５回を基本としている。

２）デッドリフト

110kg ×３回×１セット…ウォームアップとして

150kg ×３回×１セット…〃

190kg ×１回×１セット…〃

220kg ×５回×２セット…試合のフォーム

190kg ×５回×１セット…20cmの台上に立ち、コンベンショナル・スタイルで

200kg ×５回×２セット…パワーラックを使い、ひざの位置から引く

３）ベンチプレス

60kg ×５回×１セット…ウォームアップとして

100kg ×５回×１セット…〃

120kg ×３回×１セット‥〃

140kg ×１回×１セット…〃

155kg ×５回×２セット…試合と同じく胸で止め，手をたたく合図で上げる

４）ベンチの補助運動とラットマシン

100kg ×８回×１セット（ワイドグリップ）

100kg ×８回×１セット（ナローグリップ）

ラットマシンプルダウン
80kg × 8 回× 3 セット（スーパーセットで行なう）
5）シーテッド・ダンベルプレス
35kg × 8 回× 3 セット
6）カールとプレスダウン
カール　32.5kg × 8 回× 3 セット
プレスダウン　45kg × 8 回× 3 セット
（スーパーセットで行なう）
7）クランチャー
数十回× 1 セット
（レッグレイズも時々行なう）
木曜日　重いスクワット、軽いベンチプレス
1）スクワット
110kg × 5 回× 1 セット…ウォームアップとして
150kg × 3 回× 1 セット…〃
190kg × 1 回× 1 セット…〃
220kg × 5 回× 2 セット…フルスクワット
200kg × 3 回× 2 セット…パワーラックを使い、スティッキングポイントから上げる
180kg × 3 回× 2 セット…完全にフルスクワットの状態で 2 ～ 3 秒止めてから上げる
2）ベンチプレス
60kg × 5 回× 1 セット…ウォームアップとして
100kg × 5 回× 1 セット…〃
120kg × 3 回× 1 セット‥〃
140kg × 5 回× 1 セット…試合と同じく胸で止め、手をたたく合図で上げる
3）ダンベルプレス
35kg × 8 回× 3 セット
4）バックプレス
90kg × 4 回× 1 セット
80kg × 7 回× 1 セット
70kg × 8 回× 1 セット
5）ラットマシンプルダウン
80kg × 8 回× 3 セット
6）ロープーリーロー
90kg × 5 回× 3 セット
7）カールとプレスダウン
カール　32.5kg × 8 回× 3 セット
プレスダウン　45kg × 8 回× 3 セット
（スーパーセットで行なう）
8）クランチャー
数十回× 1 セット
（レッグレイズも時々行なう）

以上のように、非常にシンプルなわかりやすいトレーニング方法である。これなら誰にでもできそうで、しかも効果は近藤選手が身をもって証明してくれている。太もものサイズが 74cm というのは、たとえスクワットを 1 日につき 20 セットで週 3 回行なったとしても獲得できるものではない。

逆にトレーニングのやり過ぎ（時々ガムシャラにトレーニングしている若者たちを見かけるが）で、やってもやってもバルクアップしないということがままある。これは、トレーニング量が多いと、人間の自己防衛本能によって 1 セットのトレーニング強度が、本人の意志とは無関係に落ちてくるからである。フォーストレップスのやり過ぎも、同じ結果を生むことがある。

常に少なめのセットに全精神と全体力をつぎ込むつもりでトレーニングすることが、最大の結果を生むための秘訣である。

例えば、本当に 1 セットに集中できると、その 1 セットを行なう前にアドレナリンの分泌が高まり、顔が紅潮し、心臓は高鳴り、まるで試合の前のように気合いが入ってくる。そして、その 1 セットあるいは 2 セットが終わると、ドッと疲れが出て、頭はボーッとし、身体はけだるくなり、もうあと 1 セットというものができなくなってくる。

近藤選手は、ウォームアップのあと頑張るのは 2 セットだけとしているので、そんな時は決してもう 1 セットは行なわない。これで必要十分なのである。もちろん近藤選手も 1 年中同じ練習をしているわけではない。試合が近づけばさらに重い重量をもつピーキングを行ない、試合のあとは 1 週間の休養をとり、その後軽い重量で身体を休めながらまた作り上げていく。

こういう年間を通じての強弱がなければ、いくら 1 セット 1 セットが重要だといっても、1 年中気合いを入れ続けていくということはできない。因幡選手のように長い休養期間をとることや、シーズンによってトレーニ

ングに強弱をつける等の変化は、トレーニングを長く続けていく上での重要なポイントである。

ロープーリー・ロー

スクワット

第11章

ジュニアリフターのトレーニング法

■シボコンは12歳からやっている

2002年現在、世界で一番強いパワーリフターは誰だろう？　それはカザフスタンのアレクセイ・シボコン選手だ。世界選手権で負けたことはなく、ほとんど全ての世界選手権で最優秀選手賞を独占している。67.5kg級でトータル800kgを越え、2002年のアジア選手権では10年来戦っていた67.5kg級を離れ、75kg級に体重を上げたが、アッという間に今度は75kg級の世界記録（それも約20年間破られなかった記録）を更新してしまった。これからは75kg級でトータル900越えを目ざすというとんでもない選手だ。

そのシボコンがウェイトトレーニングを始めたのは12歳の時。それまではスポーツを特にやっていたわけではなかったそうだ。トレーニングを始めてみると、体は小さいながらどんどん力をつけ、16歳の頃にはカザフのチャンピオンになっていた。18歳でアジア選手権にデビューしたが、世界記録を更新した時の関係者の驚きは大きかった。

ほとんどのスポーツがそうであるように、パワーリフティングも実は若い時からスタートした方が、その人の中に眠っている才能を花咲かせることが容易だ。どんなスポーツも若い時から行なうことにより、そのスポーツに必要な神経系統が本能のようにその人に刻み込まれ、そのスポーツに必要な骨格、筋肉、靭帯など全てがじわじわと作られていくのだ。

■気楽にバーベルに取り組める環境を

若くからウェイトトレーニングを行なうには二つの必要条件がある。

ひとつは若い人が気楽にバーベルに取り組むことができる環境。そしてもうひとつはよい指導者。

最近はスポーツクラブが日本全体にかなり普及したので、ウェイトトレーニング自体は珍しいものではなく

世界最強のアレクセイ・シボコン

なった。だがフリーウェイトを使ったトレーニングは、実はまだまだ普及しているとはいえない。まして中学生ぐらいの若い人が気軽にトレーニングできる場所はあまりない。

指導者もまだまだ足りないというのが現状だろう。スポーツクラブのインストラクターで若い人に指導できる人はまだ少ないし、学校のクラブで教えられる人も少ない。子供の時から重いものを持つと背が伸びない、体が堅くなるなどの迷信に近い話を信じている人もいる。もちろん子供の時からMAXに挑戦させるのは、体と神経系統ができていなければ危険だ。

以下、若い人向けのトレーニング方法と諸注意をまとめてみた。

■十代半ばのトレーニング
――正しいフォームと神経系

〈動機〉

私の子供たちがまだ小学生の時にウェイトトレーニングをさせてみたことがある。フォームを教えることに集中しようと思ったが、それだけでは子供たちは面白さを感じることができなかった。そもそもウェイトトレーニングを行なうことに対する動機づけがないから身が入らない。ということで、若年層に対するウェイトトレーニングの難しさを実感した。

だが中学生ぐらいになると、例えば他のスポーツをやっている人は、そのスポーツでよりよい成績を上げるためなどの動機が出てくる。さらに、華奢な体を強くする、やせる、将来のチャンピオンを目ざすなどのやる気につながる動機が色々できやすくなる。この時期に大切なのは、本人が自分でウェイトトレーニングをやりたいと思う気持ちだ。無理矢理やらせるのであればやらない方がよい。

〈フォーム〉

パワー３種目が全身の筋肉の基礎を作るということで、まずは３種目の正しいフォームを教えたい。この頃は体が柔らかいのでどんなフォームでもできてしまうが、まずは標準的な教科書的とでもいうフォームを覚えさせるのが大切だ。

そのためには、最初はバーベルを持たずに（あるいは木でできたフォームを覚えるだけのためのバーベルがあれば一番よい）フォーム作りをする。１、２週間教えるだけでだいたいのフォームができてくるので、次は軽い重さでトレーニングを始める。始めはとにかく軽いものを持たせて、10レップスやっても余裕がある重量で、さらにフォームを覚えさせていく。こうやって時間をかけて、徐々にフォームを作っていく。扱う重量が少しずつ伸びることに喜びを覚えて、自分からバーベルをやりたいと思わせることが大切だ。

〈週間トレーニングメニュー〉

重いものを扱わないし、若いから疲れの取れ方も早いということで、できれば１日のトレーニングでスクワッ

シボコンはベンチプレスも世界最強

トとベンチプレスの両方をこなしてしまいたい。デッドリフトは、スクワットを始めて３ヶ月ぐらいして多少足腰がしっかりしてからでよい。いきなりデッドリフトをトレーニングするのは好ましくない。これを週に２回行なうのを基本とする。補助運動は、本当に基本的なものをひとつの筋肉に１種目だけ選び、レップス数は10回とし、それを２セットからスタートする。

例えば胸はベンチプレスをやっているので補助運動はなし。肩はシーテッドバックプレス。広背筋はラットマシンプルダウン。上腕三頭筋はプレスダウン。上腕二頭筋はバーベルカールかダンベルカール。腹筋はクランチャー（シットアップは腰を痛めるので禁止）。足はスクワットをやっているから省略。こんな感じで最初の２、３ヶ月がこなせれば、あとはその人の伸び具合と意気込みを見て徐々に増やしていくのがよい。

とにかくこの時期に大切なのは、正しいフォームと立ち上がるときのスムーズでスピーディーな動き。ベンチプレスであれば胸からバーベルを押し上げるときのスムーズでスピーディーな動き。徐々に爆発的に押せるようになっていくのが理想である。

■十代後半のトレーニング
―― 色々な種目を楽しむ

パワー３種目のフォームが決まり、ある程度重いものをもってもフォームが崩れなくなるまでの時間には個人差がある。早い人なら２、３ヶ月、遅い人なら１、２年。年齢にもよるし、それまでどんなスポーツをやってきたかにもよるし、成熟度の違いなどもある。個性があって当たり前なので、励ましながらじっくりとトレーニングを楽しめるように指導したい。

そしていよいよある程度の重さが安心して持たせられるようになったら（高校生で、しかも２年生以上になっていればどんな場合でもほぼ大丈夫だと思う）、回数への挑戦、重さへの挑戦、みんなでの競争等を積極的にやる時期である。さらに色々新しい補助運動をやって筋肉への効き具合を確かめたり、たまには鏡の前で筋肉のつき方を見たりなど、ウェイトトレーニングを「おもしろがる」方向へ持っていきたい。自分でウェイトトレーニングが「楽しい、おもしろい」と思うようになったら、あとはこの本で紹介した基本的なプログラムをどんどんこなす段階にきたと解釈できる。

指導者としては逆に無茶をしてオーバートレーニングになったり、ケガをしないよう注意する必要がある。高校生でも高学年、あるいは大学生ぐらいであれば、実は無茶なぐらいにトレーニングをやり込む時期があってもよいと私は思っている。それはせいぜいやっても２ヶ月ぐらいの期間なのだが、ものすごい量のトレーニングをやり込むというようなトレーニングのことである。これを長期に渡ってやることは全くの無茶なのだが、10歳代終わりから20歳代前半のやる気十分の人はトライしてもよいと思う。マスターズには絶対にお勧めできないトレーニングも、回復力が一番あるこの時期だけは可能である。ただし、たくさんやる時は当然重量を多少軽くしなければ、ケガにつながるので要注意だ。

インドネシアのマルリナは10代から世界レベルで活躍している

インドネシアのセトワニは 48 kg級の世界サブジュニア記録を持つ

サブジュニアの世界記録保持者アレクセイ・ボロナ（カザフスタン）。90kg 級でトータル 800kgを超える

第12章

マスターズリフターのトレーニング法

■40過ぎたら引退？

ほとんど全てのスポーツで、年齢が40歳を過ぎると引退の時期だと言われている。もちろん例外のスポーツもある。ゴルフ、乗馬など技術の割合が体力の割合を超える種目では、年齢と共に上達するということもある。しかし筋力、持久力ともに、40歳を越えるとガクッと落ちるものだとされている。

ところがその筋力を純粋に競い合うパワーリフティングでは、40歳代の選手たちはものすごく強いのだ。長年パワーリフティングをやってきた選手であれば、まず大学生に負けることはない。こんなスポーツが他にあるだろうか？

長くできる､年をとってもまだ強くなる｡これがパワーリフティングの大きな特徴のひとつなのである。

■5年きざみで変わる体の調子

とはいえ、私の経験からいえば、総合的な体力は年と共に変化していく。もっとはっきりいえば、年と共に無理はきかなくなる。だが、それでも強くなれるところがパワーリフティングの魅力だ。年と共に変化する体の調子は5年ごとに変わっていく。

例えば20歳代前半はどんな無理をしても体がついてくる。25歳を過ぎると、無理をしすぎるとケガをすることで、すでに身体は変化してきていることが自覚できる。30歳代になると、計画的にトレーニングしないとなかなか伸びないし、でたらめで伸びるような余裕がなくなってくる。35歳を過ぎるとオーバートレーニングに陥りやすくなる。ただし20歳代からトレーニングを行なっていた人はこのころちょうど脂が乗って、その人のピークに近くなってくる。それでは、マスターズといわれる40歳代になるとどんな感じになるのだろうか？

40歳代では激しいトレーニングをすると体にこたえる。こたえながらも合理的なトレーニングをすることにより、記録はまだまだ伸び続ける。長年トレーニングしてきたパワーリフターで、人生で一番強かった時期が40歳代前半だったという人は多い。中には40歳代後半という人もいる。そう、パワーリフティングでは40歳代はまだまだ伸びる世代なのだ。ただしトレーニング方法は少し工夫が必要でもある。

50歳代になるとさすがに衰えを感じ始める。トレーニングを開始した時期が遅い選手は、例えば40歳代で始めた人は、50歳代でもまだまだ伸びる。その人の最高の筋力まで、まだ余裕があるから伸びるのだろう。ただし長く選手として活躍してきた人は、いかに力を落とさないようにするかがテーマになる。50歳代でも驚くべき怪力を発揮する選手も多いことから、科学的なトレーニングをすることにより、何も運動しない50歳代に比べて2倍から3倍の筋力を維持することは容易だし、身体の筋力で若い人と競い合っても全く負けない身体を作ることや､維持することも十分に可能なのである。

■「疲労回復」がマスターズの合い言葉

マスターズのためのトレーニングの工夫は、徐々に回復力が落ちる身体をうまくコントロールするところから始まる。

近藤好和選手は、すでにマスターズの年齢であるが、２００１年の全日本選手権でついに優勝している

年と共に食べる量が減っていくのは、じっとしているときに体が使うカロリーが減っていくからだ。若い時は何もしなくてもお腹が減ったのに、年と共にお腹があまり減らなくなる。あるいは、同じ量しか食べていないのに、どんどん太っていく。これは、体がアイドリング状態で消費するカロリーが減っていくためだ。要するに体の中で活発な新陳代謝が行なわれなくなるということ。だから筋力トレーニングのあとの筋肉疲労が取れにくくなるのだ。十分にトレーニングし、筋肉に強い刺激を与えると、筋肉は微少なレベルでこわされる。そこに十分な栄養素と十分な休養を与えることにより筋肉は修復され、強くなっていく。これがウェイトトレーニングでどんどん強くなっていく仕組みなのだが、新陳代謝が悪くなるとこの回復のサイクルが悪くなり、結果筋肉の発達が鈍くなる。

では、基礎代謝は落ちるだけで、何も対抗処置は取ることができないのか？　いや、そんなことはない。

本書では話題にしなかったが、エアロビクス的な運動が体の基礎代謝を上げることがわかっている。例えば、エアロバイクをこぐ。息が上がるほど激しくこぐことはない。新聞でも読みながらでも可能なぐらいのんびり自転車をこぐ。15分、20分とこいでいるうちにうっすらと汗がにじみ、息は軽くハーハーしている。そんな軽いエアロビクス的運動を1日20分から30分。週に2、3回行なうことにより、どんな年齢の人でも新陳代謝が良くなり、体の基礎代謝を上げることができる。

ウェイトトレーニングと平行してエアロビクス的な運動（種目は早足歩きから自転車、水泳、テニス、何でもよい）を気軽に日常生活に組み込むことが逆に疲労回復を早めることにつながる。

■よく寝る・よく食べる

年と共に睡眠時間は短くなっていくが、ウェイトトレーニングで筋肉をつけようとする時は、よく寝たほうがよい。寝れば寝るだけ強くなると思ってもよい。私の経験でいうと、仕事が忙しくなって睡眠時間が短くなってから記録の伸びは今ひとつになった。徹夜まがいの忙しい週があると、記録はガタガタになる。ただし、「いつでも暇」というほど恵まれた人は少ないから、多少は仕方がない。だが、できるだけ寝る時間を多めにとることは記録を伸ばすのによい。マスターズは程よいエアロビクス的運動を多めに行なうことにより、気持ちよい睡眠も約束される。

会社の食堂で毎日そばぐらいしか食べない中年サラリーマンも多い。だがこんな食事では強くなれない。年と共に蛋白質の摂取量は減る傾向にあるが、魚を多めに食べることを心がけて、蛋白質の摂取量は高めにしておきたい。だんだん油こいものは食べたくなくなるが、それはそれでよい。もともと脂肪分は多めに摂らない方がよいのだから。さらに、プロテインやアミノ酸、マルチ

マスターズの年齢になっても、世界で活躍する伊差川選手

ビタミン等の基本的なサプリメントは意識的に摂った方がよい。普通の中年よりは多く運動し、少し多めに寝て、正しい食事をよく食べることにより、マスターズになっても強くなることが十分に可能なのだ。

■ 40 代のトレーニング

お勧めは、トレーニング量を少し減らすこと。特に40 代後半からは意識してトレーニング量を減らした方がよい。

パターン A

月	火	水	木	金	土	日
A	休	B	休	A'	B'	休

基本的には第６章で述べたトレーニング方法と一緒だが、次の部分でトレーニング量を調整する。
①パワー３種目のトレーニングは減らさない。ただし、補助種目はひとつの筋肉につき２種目を第６章で基本だとしたが、40 歳代のためにはひとつの筋肉につき１種目を基本とする。ただし、その補助運動は１ヶ月から２ヶ月行なったら、同じ部分に効果がある他の種目に変えていく。例えば上腕二頭筋のためにバーベルカールを１ヶ月行なったら（８レップス３セット）、次の１ヶ月はダンベルカール（気分も変えるために軽めで 10 レップス ４セット)、そして次の１ヶ月はスコットカール（８レップス３セット）というように変えていく。
②軽い日の重量をもっと軽くする。第６章では軽い日のベンチプレスは約 10％、スクワットとデッドリフトは約 20％軽くしていたが、これをもっと軽くして体に疲労が残らないようにする。例えば、ベンチプレスは20％から 30％軽くする。こうすると気持ちよいほどぐいぐい上がるので、フォームを体に覚え込ませる、スピードで押し上げるなど、ほとんど調整の意味でベンチプレスを行なうのだ。ナローベンチは省略してもよい。スクワット、デッドリフトも大胆に軽くする。

パターン B

月	火	水	木	金	土	日
A	休	B	休	休	C	休

A はベンチプレスの日、B はスクワットの日、C はデッドリフトの日というように、週に 1 回しかパワー 3 種目をやらないようにする方法。三土手大介が行なっているトレーニング方法に似てくる。つまり軽い日のトレーニングを省略してしまうのだ。若い時でも、体が大きくあつかう重量が重い選手はこの方法がよい。あつかう重量が重くなると筋肉の疲労がとれにくくなるからだ。軽い重量でのトレーニングは神経系統にはよいのだが、重い日の筋肉疲労をそれだけとれにくくしているのも事実。というわけで、それを省略してしまうのだ。

補助運動はパターン A に準じる。

■ 50 歳代のトレーニング

まずお勧めは上記のパターン B。年と共に筋肉疲労がとれにくくなるので、例えばスクワットを行なってからまるまる 1 週間はスクワットを休むということが大切になる。もちろん体重の軽い人や、初心者は軽い重量でのトレーニングができるから、パターン A がないわけではない。自分の疲れの取れ方を見て、どちらのパターンが自分に合っているかを確かめる必要がある。

それでも疲れがとりきれない場合がある。特にスクワットとデッドリフトを別々の日に行なうので、足腰の疲れが残るという人も多いはずだ。

そんな場合はパターン C がある。

パターン C

月	火	水	木	金	土	日
A	休	休	D	休	休	休

A の日は今までと同じでベンチプレスと上半身の補助運動。新しく出てきた D はスクワットとデッドリフトを同時にやってしまう日。二つやるので結構疲れるが、足腰をまとめて使ってしまうので、次の回までまるまる 1 週間休めるというメリットがある。補助運動は足と腹筋ぐらいでよいと思う。場合によっては上半身の補助運動のうち、デッドリフトに関係ある背中（広背筋）をやってもよい。

また、補助運動がこれでは足りないという人のために、パワー 3 種目はパターン C で週 2 日でまとめるが、それ以外の休みとなっている日に、補助運動だけを行うこともできる。このへんは自由に組みやすいのがパターン C の特徴だ。ベンチプレスのみ軽い日のトレーニングを行なって週 2 回にした方がよい人もいる。

40 歳代でもそうだが、エアロビクス的運動とストレッチは必須なので、それも忘れないように。

■ 60 歳代以降のトレーニング

基本的にはパターン C だが、その人の体の特性に合わせて色々改良するのが、60 歳代以降のトレーニング方法のお勧めである。ただしここまでのベテランとなると、長年の自分のトレーニングパターンがあるので、無理に私のいうパターン C にしなければならないということはない。参考にしていただければ幸いと思う。

パターン C の 60 才代向け改良案

月	火	水	木	金	土	日
A	エアロビクス的運動	休	D	休	補助運動	散歩等

ストレッチはトレーニング前は必須。トレーニングのない日もできれば毎日ストレッチはしたい。

パワーリフティングのトレーニングもギリギリ 8 回挑戦ではなく、その日の調子を見ながら楽に 10 回できる重量や、多少余裕を残した 5 回などを入れて、毎回追い込まないようにする。程よい刺激と、長い時間をかけて調子を上げていくゆったりとした気の持ちようが大切だ。

より強くなるために……後記にかえて

世の中にはトレーニングする人の数だけ、無数のトレーニング法があるといっても過言ではないだろう。事実、15年前、私もただガムシャラに、来る日も来る日もベストに挑戦し続けていた記憶がある。

高校生、大学生時代を水泳選手としてトレーニングしていた私は、水泳のオフ・シーズンのトレーニングに自分でウェイト・トレーニングを採り入れ、全くのコーチなしでも、それなりの効果は上げていた。社会人になって半年、25歳になって本格的にジムに入会しバーベルのトレーニングを再開した。入会3日目にしてベンチプレス100kgに成功したのは、長い水泳部時代のトレーニングがまだ残っていたためだろう。

しかし週3日、MAXに挑戦するという私の勝手なトレーニングのため、その後、毎回100kgに挑んでも、約1ヶ月間、ふたたび100kgは上がらなかった。今考えると、毎回のMAX挑戦で筋肉は超回復するひまもなく、どんどん疲労が蓄積していたのだった。しかしどんなやり方をしても、始めてから2〜3年というのは、なんとか記録は伸び続けていくものだ。例えば5年間のトレーニングで、ベンチプレスは180kgまで伸びていた。ただし今から見ると､やはりMAXへの挑戦が多いトレーニングだったため､肩､胸､ひじなどケガは絶えなかった。

そういう私の目を開かせてくれたのは1980年に初めてアメリカへ世界大会のメンバーのひとりとして遠征に行った時である。たまたま聞いたラリー・パシフィコ（90kg級・100kg級で世界9連勝した選手）のトレーニング方法が私のトレーニング方法と根本的に違っていたのである。それは

①年間のトレーニングスケジュールがはっきりしている。

②オフシーズンは身体作りに専念して、MAXには絶対に挑戦しない。

③試合に向けては「ピーキング」という概念で仕上げていく。

という3つの大きな考え方からなっていた。

そこで私は、日本に帰ってからアメリカへ手紙を書きまくり、当時入手可能だったトレーニングに関する文献を収集し、読みまくった。本によって多少の違いはあるものの、やはり上記の3つの考え方は共通していた。そ

の後これらのトレーニング法を自分でも試すと共に、妻の吉田寿子にも勧め、実践してきた。私の場合、それまで弱かったスクワットとデッドリフトで大きな伸びが見られた。またパワーハウスをオープンしてからは多くの初心者にこの方法で教え、大きな成果を得た。今、考えられるさまざまなトレーニング方法の中で、私が本書を通じていいたかったことは、ケガも少なく、短期間、しかも短時間のトレーニングで、より強くなることのできる、上記３点を中心にしたトレーニング方法なのである。ほとんどのアメリカ人パワーリフターは初心者から世界チャンピオンまで、このトレーニング法をベースにしている。

人間の身体は個人差がある。生活パターン、食生活もそれぞれ違っている。当然、本書のトレーのニング法でスタートしても、いつかトレーニング法は個人個人で違ってくるものである。そこにその人の体質が関係している。

本書を読まれた皆さんが、将来、自分なりのトレーニング法を確立する上での参考にという意味で３人のトップリフターのトレーニング法も記した。トップに立つ人というのは、恵まれた身体としっかりした意志力によって現在の位置に居るのであり、初心者から中程度の人がすぐにトップリフターのまねをすべきではないと思う。しかしそこにはトップリフターの人たちが、それぞれの長い選手生活の中でえた独特のノウハウが盛り込まれている。それらを十分に感じとっていただければ、みなさんが強くなって自分のトレーニング法を確立するのに役立つと思う。

最後に本書をまとめるにあたり「月刊ボディビルディング」誌の鎌田氏の辛抱強いはげましと、ライバルであり協力者である妻・寿子の有形・無形のサポート、そしてパワーハウスでトレーニングしている仲間たちの協力がなければ、腰の重い私が最後のこのページまで進んで来られなかったと思う。感謝の気持で筆を措きたいと思います。

平成３年４月　　　　　　　　　　　吉田　進

吉田　進

1950 年生まれ、京都大学卒業。学生時代は水泳の選手であり、筋力強化のために冬はバーベル部と共にウェイトトレーニングをして記録を伸ばした。卒業後、25 歳から本格的トレーニングに打ち込み、以後現在までパワーリフティングの選手として活躍。90kg 級～110kg級で過去5回全日本選手権大会優勝。1984年からは寿子夫人（1988年に 44kg 級世界チャンピオン）と共に府中市のパワーハウスにてパワーリフティングの指導にあたる。トレーニングにあたってのモットーは“少ない労力で最大の効果を得る科学的トレーニング”そして“常に前向きのポジティブマインド”。（社）日本パワーリフティング協会のメンバーとして協会活動にも力を入れており、1995 年女子世界パワーリフティング選手権大会、2000 年男子世界パワーリフティング選手権大会等の日本開催に力を尽くした。2017 年現在、NPO 法人日本パラ・パワーリフティング連盟 理事長、一般社団法人日本ボディビル＆フィットネス連盟 副会長、公益財団法人東京オリンピック・パラリンピック競技大会組織委員会パラ・パワーリフティングスポーツマネージャー、（株）パワーハウス代表取締役社長。

「パワーリフティング入門」（改訂版）

令和 6 年 4 月 25 日　第 2 版 6 刷発行

著　者　吉田　進
発行者　手塚栄司
発行所　（株）体育とスポーツ出版社
〒 135-0016 東京都江東区東陽 2-2-20 3 階
TEL 03-6660-3131
FAX 03-6660-3132
印刷所　シナノ印刷株式会社

ISBN978-4-88458-145-9　C3075